ゼロからはじめる！

心理学
見るだけ
ノート

監修
齊藤勇
Isamu Saito

宝島社

ゼロからはじめる！

心理学見るだけノート

監修｜齊藤勇｜Isamu Saito

宝島社

「目に見えない心を、目に見えるように」

　心は目に見えないものです。ですから、相手が何を考えているのか、何を感じているのか、わからなくて不安になってしまうことがあります。

　他人の心だけではありません。自分の心も、ときとしてわからなくなってしまうことがあります。

　たとえば日常やビジネスで、どうしてあんなに怒ってしまったんだろう、と後悔したことはありませんか？　好みのはずの異性から声を掛けられたのに、あまり乗り気になれなかったことを、後になってふしぎに思ったことはないでしょうか？

　自分のことでも、ときにわからなくなる心のふしぎを、心理学では数え切れないほどの実験を通して一つひとつ解き明かしてきました。

　それは、目に見えない心を、目に見えるように理論や法則という形にしていく作業でもあります。

　これら心理学の理論や法則は、私たちが日常で生活していくうえで、役に立つものばかりです。しかし、それらを学ぼうとしても、専門知識が必要だったりしてわかりづらいものも数多くあります。

　そこで本書では、イラストを使って日常のやり取りや実験の様子を描くことによって、心理学の理論や法則をさらにわかりやすく解説することに注力しました。本書によって、人の心のふしぎに触れ、魅力的な心理学について少しでも興味を持っていただければ、これ以上の喜びはありません。

監修　齊藤勇

ゼロからはじめる！
心理学見るだけノート
- contents -

CHAPTER 1
人間の 心理のふしぎ

CHAPTER 2

他人の
心理を見抜く

CHAPTER 3

人の心を
動かす

人間の
心理のふしぎ

横顔にドキッとする

相手の横顔に ドキッとしてしまうのはなぜ?

異性の横顔を見てドキッとしたり、心がときめいたりしたことがある人は多いのではないでしょうか。**人間の顔の表情やその印象は、正面から見るのと横から見るのとでは、また右側から見るのと左側から見るのでも、大きく違うことがわかっています。**人間の顔は、右側と左側で違っている場合がほとんどです。自分の顔を鏡や写真でよく見てみましょう。左右でかなり違っているのがわかるはずです。

キリッとして イケメンじゃ ない……

この条件ですと……

仕事では右顔を見せる

右顔の表情は論理を司る左脳の影響が強く、仕事に集中しているときなどは特に知的に見えます。自分をカッコよく見せたい、あるいは凛々しく見せたいときは右顔を見せましょう。

一般に、**顔の左右の印象は、右側が知的、左側が優しげとされています。**また、顔の右側には建前、左側には本音が表れるともいわれます。**ビジネスのシーンでは顔の右側を、プライベートや恋愛では左側を見せたほうが、それぞれ相手に好印象を与えられるかもしれません。**一方で、顔の作りが左右対称に近ければ近いシンメトリーな人ほど美人やハンサムに見え、異性から好まれます。動物でも、尾羽や体の模様などが左右対称なほうが異性に好まれるそうです。

これからどこ行こっか？

あっくんは優しくてステキだな……

恋愛では左顔を見せる

左顔の表情は感情を司る右脳の影響が強いため、柔らかい表情が美しく見えます。デート中などはなるべく左顔を見せるようにしましょう。

右顔＝仕事向き　　左顔＝プライベート向き

知的&建前

右顔は知的さが表れるとされ、また感情が出にくいため建前を貫きやすく、仕事で見せたい横顔です。

優しさ&本音

左顔は優しさが表れるとされ、また本音が表れやすいため、愛情をもって接することのできるプライベート向きの横顔です。

人の顔は左右で違う

人の顔は、左右で微妙に違います。真正面からは歪んで見えてしまうため、横顔のほうが美しく感じられるという効果もあります。

チャレンジしない心理

**チャレンジしないのには
心理的な理由がありました。**

心理のふしぎ
02

たとえば「ビッグになりたい」とまでは思わなくとも、「成功したい」、少なくとも「失敗したくない」とは、誰でも思うのではないでしょうか。しかしその一方で、成功するために実際に行動を起こすとなると、話は別です。**漠然と「成功したい」と思いながら、そのために実際にチャレンジする人は、あまり多くなさそうです。** それには、人間の心のはたらき、成功恐怖が大いに関わっているのです。

でも出世するのは大変だよな
同僚と競争しなくちゃだし
プライベートの時間は奪われるし
誰かに恨まれたりするかも……

お金も欲しいし
もっと出世したい！

願望は誰にもある

希望や願望は誰もが抱くもの。しかしそのために努力するかどうかは、人それぞれです。

ネガティブな想像

努力を避ける人は、成功する過程や成功後について、ネガティブな想像をしてしまいます。

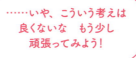

……いや、こういう考えは
良くないな　もう少し
頑張ってみよう！

だったら、今のままの
ほうがいいかな……

成功を強く願おう

自分の成功回避傾向を認識した上で、
それでも強く成功を願うことができる人
は、いつか必ず成功するでしょう。

成功を回避したくなる

このように、人には無意識に成功を回避する傾
向があります。成功のために努力するにせよ、回
避してしまうにせよ、この傾向を自分が持っている
と認識することは大事です。

心理学者ホーナーは、「人間は無意識に成功を回避する心理がある」と提唱
しました。これは「成功恐怖理論」と呼ばれています。**成功には必ず失敗や
リスクが付いて回ると考え、無意識のうちに成功することを恐れてしまう……**と
いうのが、成功恐怖理論です。それを踏まえて成功に近づくには？……失敗
やリスクが伴うことを意識した上で、「それでも自分は成功したい」と自覚し、
恐れずに実行するのが、成功への道といえるでしょう。

心理のふしぎ 03

テストの前日にゲームをしてしまう

テスト本番の前日に、他のことをついついしてしまう。その心理とは?

明日は大事なテストだというのに、つい勉強をサボッてゲームをしてしまった……という経験のある人は多いかもしれません。なぜそんなことをしてしまうのでしょうか? 実は人間の心には、**わざと自分に不利な状況を作り出して、失敗したときに傷つかないよう無意識のうちに予防線を張ってしまう、心理的防衛システムが備わっているのです。** 心理学ではこれを「セルフ・ハンディキャッピング」と呼びます。

獲得的セルフ・ハンディキャッピング

勉強をするべき時間にゲームや片付けを始めてしまい、自分でハンディキャップを作ってしまうことを獲得的セルフ・ハンディキャッピングといいます。

主張的セルフ・ハンディキャッピング

予防的な発言をしておくことで、失敗したときに周囲の評価を下げないように、成功したらさらに評価が高まるように周囲に広めておく行動は、主張的セルフ・ハンディキャッピングといいます。

心理のふしぎ
04

食べても満足できない

食べ物でもなんでも、楽をして得たものは
欲求が満たされにくくなるのです。

同じ料理でも、弁当を買ってきてそのまま食べるより材料から作ったほうが、満足度が高まります。ところが、面倒くさがりの人は料理をあまりせず、弁当やお菓子、ファストフードを好んで食べます。そのため、満足度が低く必要以上に食べてしまい、肥満や過食症になりがちです。食欲に限らず、この悪循環は報酬不完全症候群と呼ばれ、多くの依存症に隠れているメカニズムと考えられています。

苦労がないと満足できない

満足感を得るには、報酬（この場合は食事）だけでなく、苦労（手に入れる、加工する、など）もないと、脳内で報酬系の伝達物質が十分に分泌されません。そのため、満足できずにいつの間にか食べ過ぎてしまいます。もしダイエットをしたいなら、食事はなるべく料理して作ることが大切といえます。

嫌味を言う上司にどう対応する?

なぜか嫌味を言ってくる上司。
どうやって対処する?

上司との関係は、社会生活をスムーズに送る上でとても重要です。しかし、自分の上司がいつもひと言多い、嫌味な人物だったら?……仕事や会社がつらいものになってしまいそうですね。人と人との間で行われる行為全般を、心理学の交流分析では「ストローク」と呼びます。**けなしたり嫌味を言ったりという、相手の気持ちをネガティブにさせるような行為は「マイナスのストローク」といわれます。**

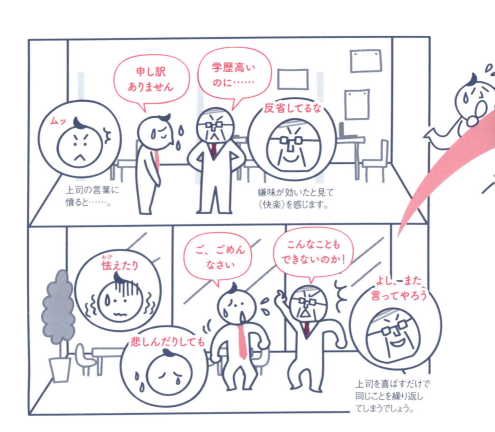

上司の言葉に憤ると……。

嫌味が効いたと見て〈快楽〉を感じます。

上司を喜ばすだけで同じことを繰り返してしまうでしょう。

16

マイナスのストロークが多い人（ここでは嫌味を言う上司）は、自分の心の奥の不安などを嫌味として他人にぶつけることで安心しようとする傾向があります。**自分の嫌味であなたが動揺したり悲しんだりすれば、その反応（ストローク）を見た上司は心の奥で満足を得ていたりするのです。**嫌味を言う上司には、正面切って接するのではなく受け流してしまうのが得策です。相手からのストロークがなければ、上司はつまらなく感じて嫌味を言わなくなるかもしれません。

①ニッコリ笑う

ただ黙ってニッコリ笑うと、上司の予想を裏切り、「やりにくい相手」と感じさせることができます。

やりにくい……

②「そうですね」と返す

動揺せず淡々と認めると、上司は面白くないと感じ、次から相手にしなくなるでしょう。

そうですね

面白くない

③セリフを面白く変換する

嫌味に深い意味はありません。心の中でセリフを変換して楽しんで、ストレスを軽減しましょう。

学歴高いでごわすのに

④ひたすら避ける

嫌味を言う人は、ターゲットを絞る傾向があります。そうならないよう、ひたすら避けるのも手です。

あっ上司だ視界に入らないように……

心理のふしぎ 06

お返しをしたくなる心理

**何かをされると、何かを返したくなる。
この心理はビジネスにうまく利用されています。**

誰でも、相手に好意を示されれば嬉しいものです。そればかりでなく、こちらも相手に好意を持つ場合が多くなります。人の心は、元々そのようにできているのです。人間は誰でも無意識に、周囲に受け入れられたい、認められたいと思っています。なので、**自分に何かをしてくれる人や、自分を肯定してくれる人には自然に好意を持つのです。**心理学ではこれを「好意の返報性」といいます。

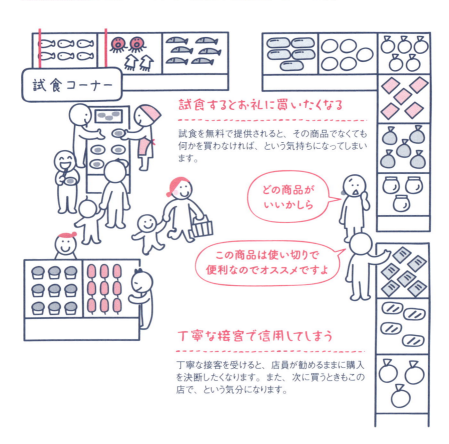

試食するとお礼に買いたくなる

試食を無料で提供されると、その商品でなくても何かを買わなければ、という気持ちになってしまいます。

どの商品がいいかしら

この商品は使い切りで便利なのでオススメですよ

丁寧な接客で信用してしまう

丁寧な接客を受けると、店員が勧めるままに購入を決断したくなります。また、次に買うときもこの店で、という気分になります。

相手から何かをもらって嬉しければ、お義理ではなく何かを返したいと思うものですし、それがモノでなく好意的／肯定的な気持ちやメッセージであれば、こちらも相手に対して好意を抱くようになることが多いのです。**相手への好意をうまく伝えることができれば、相手も好きになってくれる可能性は高くなります。**また、試供品をもらって、その商品を買わないと悪いような気がしてしまうのも、広い意味での「返報性」のひとつといえます。

お返しを習慣にしてしまう

ホワイトデーは、好意の返報性の心理をうまく活用したイベントです。バレンタインデーのチョコを贈るという習慣が広まってから誕生しました。ほかにもお祝いの贈答品に対する返礼品や、休暇をもらって旅行に行った際のお土産など、日本では数多くの、好意の返報性に由来する習慣があります。

心理のふしぎ **07**

気になる言葉につい反応してしまう

ガヤガヤしていても、興味のある言葉はなぜ聞き取れるのでしょうか?

大勢の人がいるパーティー会場のようなザワザワした場所でも、**自分が興味を持っていることに関係した言葉がすんなり耳に入ってきたり、**向こうのほうで話している人たちの中で自分の名前が出たのにすぐ気づいたり……ということは誰でも経験があるのではないでしょうか。このような現象は心理学者チェリーによって「カクテルパーティー効果」(または「音声の選択的聴取」)と名づけられています。

今回は……

ええ……

あれ、誰か私の話をしてる?

そういえばこの前

○○さんが

気になる言葉だけ耳に入る

どこかで自分の名前や、自分の好きなもの、自分が所属する会社などについてしゃべっていると、自然と耳に入ってきてしまいます。

one point

選択的注意

たくさんの情報があふれている状態だと、人は自分が選択したものや、自分にとって重要な情報だと思われるものにだけ注意を向け、意味を理解します。注意から外れたものは、音としてしか認識できません。

こんな実験もありました

そのとき、私は空を見上げ……

アットホームな雰囲気に満たされながら……

両耳分離聴の実験

実験参加者に右耳と左耳で別々の文章を聞かせ、どんなことを言っていたか再現してもらうと、事前に指定した側の文章だけ再現することができました。この実験から、注意は選択的に行われ、注意した対象だけ意味を理解しているという説が唱えられました。

心理のふしぎ
08

自分の物は手放したくない

どうしても捨てられないものがあるのは、
どんな心理がはたらいているのでしょうか?

断捨離やミニマリズムなど、必要最低限しか物を持たない生活がたびたびクローズアップされますが、買った物を捨ててしまうのは誰でも難しいもの。家に物があふれてしまうのは、保有効果という心理も関係しています。**保有効果とは、自分が所有している物の価値が高まってしまう心理効果です。** 冷静に考えると必要のない物でも、自分の物というだけで途端に捨てがたい大切な物になってしまうのです。

捨てられないのは保有効果のせい

そのおもちゃ もう捨ててよ!

オレにとっては 価値があるんだよ!

冷静に必要かどうかを考えよう

保有効果のせいで価値があるように思える物も、冷静になると「なくても困らないな……」と感じる場合が多いはず。普段まったく見向きもしない物や、買い直せるような物は見直しましょう。

保有効果を使ったテクニック

試乗

いかがでしたか?

欲しくなったので買います

1週間の試乗で所有させてみる

わずかな頭金で1週間試乗させると、客は保有効果で車の価値を高く感じ、値段を気にしなくなることがあります。アメリカの自動車会社が実際に使っていたテクニックです。

似ている人を好きになる?

**自分と似ている人を好きになるのはどうして?
でも仲が悪くなることも……。**

心理学ではお互いの似ているところを「類似性」といいます。「似た者夫婦」などという言葉がありますが、人間は基本的に自分と似たところのある人に惹かれやすい傾向があります。社会心理学者のバーンが行った実験でも、**意見や態度が似ている相手のほうがより惹かれやすいということが明らかになっています。**趣味などの好みが合う者同士は、親密になりやすいのです。

類似性

楽しいな♡
似た者カップル♡

**似ていると
親近感**

ルックスや趣味、センスなどが似ている男女は、親近感が湧きやすく、恋愛に発展しやすい傾向があります。

ストレス
少なめ♡

えいがかん

趣味も
合うから♡

目玉焼きには
塩だろ!

醬油以外は
認めない!

ケンカもしやすい

意見や態度が合わないと、ささいなことで大ゲンカに発展することも。

一方、心理学者ウィンチによる実験では、性格が違うカップルのほうがうまく行くという、バーンの実験とは逆の結果が出ています。**これは性格の違う二人がお互いをうまく補い合っている場合で、このような関係性は「相補性」と呼ばれます。**自分の強みが相手の弱みを補うことで関係が深まるわけです。ただし、違うところが多いと「反りが合わない」ことも多くなり、うまく行かない事例が増えるとされています。

相補性

天然でカワイイ
彼女……♡

マメで頼りに
なる彼氏♡

今日は博物館
に行こう♡

じゃあ明日は
遊園地ね♡

補い合うカップル

お互いが世界を広め合い、補い
合う関係のカップルには、恋愛の
「相補性」がはたらいています。

目玉焼きは
塩で♡

私は醤油ね♡

認め合えば魅力が増す

お互いが異なる趣味嗜好を持っていることを認め
合えれば、「類似性」の高いカップルよりも魅力
が増す可能性があります。

心理のふしぎ
10

ケンカするほど仲が良い?

ケンカをするほど「仲が良い」というのは本当なのでしょうか?

「ケンカするほど仲が良い」というのは、ある程度本当のことです。頻繁にケンカになるカップルは、相手に対する怒りのハードルが低いということですが、この怒りのハードルを「ネガティブの閾値」といいます。一見すると**ネガティブの閾値が高いほうが円満なのでは?……と思いそうですが、実際にはお互いに対する不満をため込んでしまい、爆発したときには修復できないほどの亀裂になりがちなのです。**

閾値の低いカップル

こっちこそ!

デートすっぽかした!

もう怒った!

ネガティブの閾値

メールに返信してくれなかった!

忙しかったんだよ!

イテテ

私もキツく言いすぎたわ

寂しい思いをさせてごめん

ケンカはよくするが別れない

ネガティブの閾値が低いカップルは頻繁にケンカをしますが、それだけで決定的な破局に至ることはありません。

これに対して**ネガティブの閾値の低いカップルは、ちょっとしたことでも見逃さず、お互いへの不満を遠慮なく言葉や態度にして表すため、結果として不満や行き違いが大きな軋轢にならず、常に適度なガス抜きが保たれている**……ということになります。お互いに対する不満は我慢しすぎずに相手に伝えることが、実は夫婦円満の秘訣なのです。ネガティブの閾値は、結婚生活の行方を左右する決定的な要素のひとつともいわれています。

ケンカをしたら最後

閾値が高いカップルは、ケンカになることは少ないですが、一度ケンカになるとそのまま破局になってしまいかねません。

心理のふしぎ 11

決めつけや命令には逆らいたい!

やれと言われると、途端に反抗したくなるのはどうしてでしょう?

学生の頃、「このTV番組を観終わったら勉強しよう」と思っていたのに、親から「勉強しなさい」と言われて「今やろうと思っていたのに!」と思って、勉強する気が失せてしまう……という経験は誰にもあるのではないでしょうか。**人間はいつも無意識のうちに「自由でありたい」と思っていて、その自由が制限されそうになると抵抗する気持ちが生じます。**心理学ではこれを「心理的リアクタンス」と呼びます。

命令に対する反抗

健康に悪いから
タバコやめなよ!

タバコくらい
好きに吸わせてよ

この場合、喫煙者は「タバコを吸う」自由が制限されたと感じ、命令に反抗して喫煙し続けてしまいました。

買えなくなることへの反抗

あれ、気になってた
から買っておかなきゃ

○○スーパー

期間限定の商品
今日が最終日!

商品を買う自由が制限されたと感じ、買う自由を選択したくなりました。

26

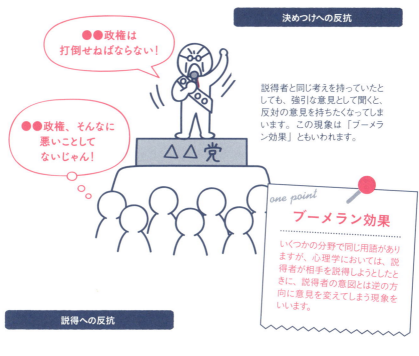

決めつけへの反抗

説得者と同じ考えを持っていたとしても、強引な意見として聞くと、反対の意見を持ちたくなってしまいます。この現象は「ブーメラン効果」ともいわれます。

one point

ブーメラン効果

いくつかの分野で同じ用語がありますが、心理学においては、説得者が相手を説得しようとしたときに、説得者の意図とは逆の方向に意見を変えてしまう現象をいいます。

説得への反抗

客観的に見れば別れたほうがいい相手について相談すると、友人は「別れなさい」と言うでしょう。しかしそう言われると、相手の良いところを探してしまい、かえって別れに踏み切れなくなってしまうのもよくあることです。

「勉強しなさい」と言われることで「自分が思ったタイミングで勉強する」という自由が制限されると感じ、それに抵抗する気持ちが勉強する気自体をなくしてしまう方向にはたらくわけです。相手から何かをやれと言われると、途端にやりたくなくなる……というのは、実は人間の心の自然なはたらきのひとつなのです。**お店で「最後の一品です」と言われたときに「この機を逃したらもう買えない」と思ってしまうのも、心理的リアクタンスの一例です。**

27

間違っていてもみんなと同じにしてしまう

間違っているのに、みんなと同じ答えにしてしまうのはなぜ？

人間は周囲の意見に流されやすいものです。たとえそれが間違っていると思っても、とりあえずみんなと同じ行動をしてしまうことはよくあります。心理学者アッシュが行った同調実験では、1人だけでは99％間違えない三択の問題でも、サクラ6人と一緒に質問を受けた際に6人が間違った答えを示すと、それに引きずられて**正解率が3分の1まで下がってしまった**そうです。

(サ)…サクラ　(被)…被実験者

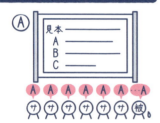

サクラが全員同じ誤答の場合 75％が同調

自分以外の全員が同じ誤答をしていると、ついみんなと同じ答えを選んでしまいます。同調しなかった人も、何度か同じ実験を繰り返すと、75％が一度は同調してしまいました。

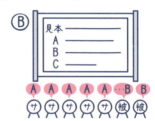

被実験者が2人いる場合10％が同調

被実験者が1人ではなく2人いる場合、最初に答える被実験者が正答を言えば、もう1人の被実験者がサクラの誤答に同調することはないので、同調率は10％まで落ちます。

サクラの1人に正答させると5.5％が同調

正答するサクラが1人でもいると、同調率は5.5％になります。

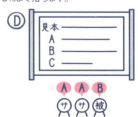

参加人数を少なくすると13％が同調

サクラが2人しかいない場合の同調率は13％。サクラが3人以上になると30％以上の同調率になり、以降はサクラの数を増やしても同調率はほとんど変わりませんでした。

「集団思考」や「同調圧力」で、思わぬ方向に引きずられてしまう可能性は、誰にでもあります。集団の中で「おかしいことはおかしい！」と自分を貫くのは大変なことですが、もしあなたがそうする場合には一貫して主張を曲げず、ブレずに繰り返すことが重要です。自分の意見が少数派でも、もし賛同者がいるならよく相談して意見をまとめておくことも大事です。多数派を切り崩す上で、理にかなった根拠を説明できればなお良いでしょう。

日本は同調圧力が強い国

「みんながやっているから」が正義になる

PTAは学校と子どもたちをつなぐ重要な組織ではありますが、それぞれの家庭にそれぞれの事情があることが考慮されないPTAもあることが問題になっています。「みんながやっているから等しく負担」というのは、まさに悪しき同調圧力の見本といえます。

マスコミやネットの意見に同調しやすい

周囲の意見、特にマスコミやネットの意見に同調して、不祥事を起こした個人や企業、政治家をいっせいに攻撃するのも日本でよく見られる光景です。同調圧力の正義感から、より攻撃的になってしまうのです。

心理のふしぎ
13

緊張はなさすぎても良くない

大事な場面で、緊張はしたくないもの。
でも、しなすぎるのも問題のようです。

面接やプレゼンといった重要な場面で極端に緊張してしまい、頭が真っ白になってしてどろもどろになってしまったり……という経験は誰にでもあるでしょう。人間は、他人に対して自分をよく見せようと思えば思うほどプレッシャーを感じ、緊張してしまうものです。**しかし、緊張がすべて悪いというわけではありません。何かを成し遂げるには、適度な緊張感はむしろあったほうが良いということがわかっているのです。**

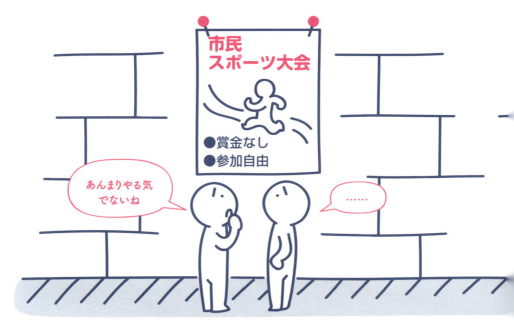

緊張もモチベーションもゼロ

この法則では、賞と罰は同じく動機づけ、原動力になります。どちらもない場合、緊張はゼロでパフォーマンスも気の抜けたものになります。

心理学者のR・ヤーキーズとJ・D・ドットソンがネズミを用いた実験で発見した「ヤーキーズ・ドットソンの法則」では、**緊張が弱すぎても強すぎても成果は下がってしまう**とされています。ストレスや緊張が強すぎれば萎縮して実力が発揮できず、逆に弱すぎればやる気が十分に出ません。また、**慣れていることをするときには緊張やプレッシャーがやや強めのほうが、慣れないことをするときは緊張が弱いほうがうまくいく**といわれます。

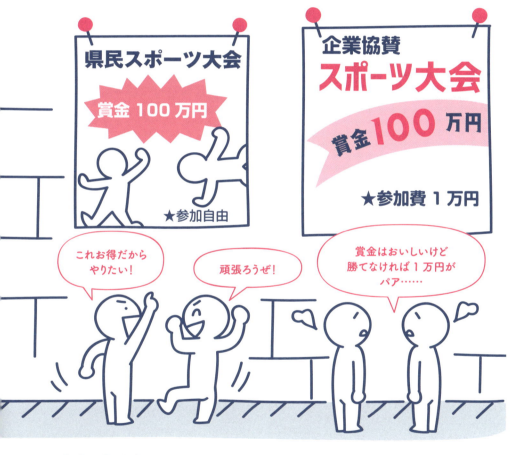

適度な緊張でモチベーション最大

手頃な動機づけは、モチベーションを上げ、パフォーマンスの効率を最大化します。

緊張が高すぎてモチベーションも低下

賞や罰が強すぎて緊張が高まりすぎると、パフォーマンスも落ちてしまうでしょう。

第一印象はどれくらい大切?

初対面の人にどう見られているか気になりますよね。
人は見た目が 90%というのは本当なのでしょうか?

ビジネスでもそれ以外の人間関係でも、相手に良い印象を持ってもらうためには、初対面で相手に与えるイメージがとても大切です。話の内容が重要なのはもちろんのことですが、人間が相手から受ける情報の中でも、**最初に会ったときに受けたイメージや情報は、相手に対する印象や評価を決定する上で、後々まで強く影響するのです。** 心理学ではこれを「初頭効果」といいます。

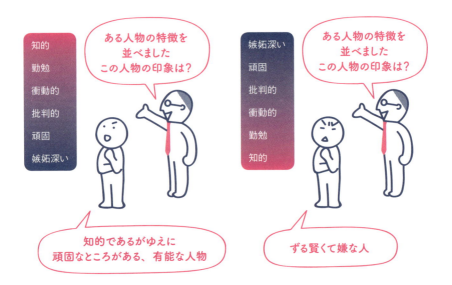

アッシュによる初頭効果の実験

知的
勤勉
衝動的
批判的
頑固
嫉妬深い

ある人物の特徴を
並べました
この人物の印象は?

知的であるがゆえに
頑固なところがある、有能な人物

嫉妬深い
頑固
批判的
衝動的
勤勉
知的

ある人物の特徴を
並べました
この人物の印象は?

ずる賢くて嫌な人

特徴を並べる順番が違うだけ

心理学者アッシュは、人物の特徴を真逆に並び替えたものを2つのグループにそれぞれ見せ、印象を聞く実験を行いました。すると、明らかに最初の特徴を基準に人物への印象が形成されていることがわかりました。

高いスーツでなくとも自分によく合った清潔な服装をしていること、あいさつや名刺の受け渡しの所作が丁寧であることなどは基本中の基本ですが、それらはどうかするとあなたが考える以上に相手に与える印象を大きく左右します。**逆に、第一印象が良くなかった場合に、あとからそれを覆すのはかなり大変です。**あとになって相手に良い印象を与えられるようなことがあったとしても、第一印象を見直してもらえるほどのインパクトは与えにくいのです。

第一印象の重要性

きちんとスタイリングした
清潔感のある髪型に

必ず笑顔で

オシャレである必要は
ないですが、TPO は
必ず意識しましょう

ツメは必ず切って
おくこと

ボロボロの靴は
印象悪化の元

one point
メラビアンの法則

心理学者メラビアンは、第一印象で相手に対する好意を決める要因を研究しました。その結果、影響される情報は「言語情報（話す内容）」が 7%、「聴覚情報（話し方や声）」が 38%、「視覚情報（見た目）」が 55%と数値を導き出しました。

好まれる印象を心がける

第一印象は、その後のビジネスに対して大きな影響を及ぼしますので、最大限に注意しましょう。強い印象を残そうとするより、相手に好まれる印象になるように心がけるのがベターです。

心理のふしぎ 15

終わり良ければすべて良し

いっぺんにたくさんの情報が入ってくると、
最後の情報が重要に見えるのです。

前のページで「初頭効果」について話しましたが、それとは逆の「新近効果」（または「終末効果」）というのもあります。これは、**興味を持っている対象から最後に得た情報が、特に重要なものとして強く印象付けられるという心理作用です。** つまり、別れ際のあなたの態度や表情が、相手に重要な印象を与えるということであり、文字通り「終わり良ければすべて良し」ということになるわけです。

アンダーソンの実験

フムフム　陪審員

容疑者には
動機が
ありません

被害者と親しく
ケンカもして
いません

弁護士役

①弁護士役の証言２つ

フムフム　陪審員

凶器のナイフと
同型のものを
買っています

アリバイもなく
犯行が可能です

検事役

②検事役の証言２つ

フムフム　陪審員

アリバイがない
のは事情が
あります

その時間に犯行を
行うのは
無理があります

弁護士役

③弁護士役の証言２つ

もしもデートの別れ際に相手が不機嫌そうな顔をしていれば、後味は良くないでしょう。逆に相手が幸せそうな笑顔で帰るのを見れば、その日のデートの印象自体がグッとアップするはずです。**たとえば仕事で間違いなどがあったとしても、きちんと詫びた後で丁寧にあいさつしてすぐにその場を立ち去れば、相手には爽やかな印象が残ることでしょう。**「初頭効果」と併せて考えれば、結局は最初と最後が肝心だ、ということになりますね。

最後に証言を出した側が有利に

心理学者アンダーソンは、実際にあった犯罪事件をもとに、模擬裁判の実験を行いました。弁護側と検事側にそれぞれ6つの証言を用意し、2つずつ陪審員に聞かせました。すると、陪審員は最後に聞いた検事側に有利な判決を下しました。しかし今度は証言の順番を変えて、検事側6つ、弁護側6つという順番にしたら、弁護側に有利な判決になりました。このことから、重要な情報がたくさんある場合は、直前の情報に影響を受けた判断をする傾向が強いことがわかりました。

④検事役の証言2つ

⑤弁護士役の証言2つ

⑥検事役の証言2つ

遠距離恋愛はやっぱり難しい?

心理のふしぎ
16

遠距離恋愛はやっぱり
難しいのでしょうか?

1932年にアメリカの心理学者ボッサードが**婚約中のカップル5000組に対して行った調査では、それらのカップルのほとんどがお互いに歩いて行き来できるほどの近い場所に住んでいたという結果が得られました。**つまり、物理的な距離が近いほど心理的な距離も近づきやすくなり、結婚に至る確率も高まるというわけです。これは「ボッサードの法則」と呼ばれています。

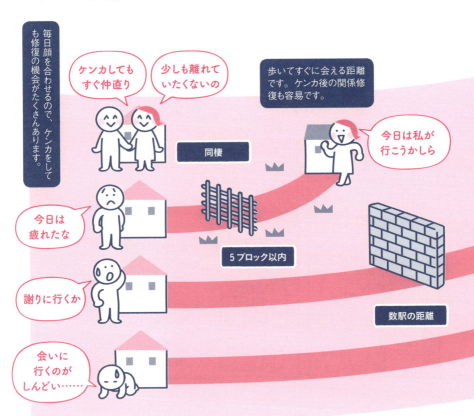

逆にいえば、物理的な距離が離れていれば心理的な距離も離れてしまいがちということでもあります。遠距離恋愛はやっぱり難しいというのも、ボッサードの法則に照らして考えれば当然なわけです。**お互いの住んでいる場所が遠ければ、なかなか会うことができず、心の距離も自然と離れてしまい、結局別れてしまう……**ということになりやすいのです。遠距離恋愛では、スカイプなどで顔を見られるようにする工夫も必要かもしれませんね。

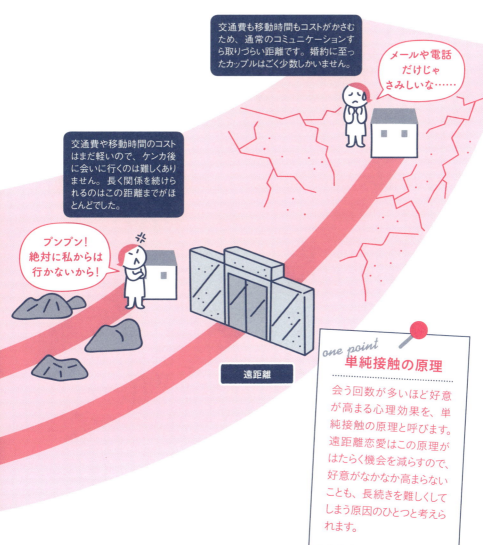

交通費も移動時間もコストがかさむため、通常のコミュニケーションすら取りづらい距離です。婚約に至ったカップルはごく少数しかいません。

メールや電話
だけじゃ
さみしいな……

交通費や移動時間のコストはまだ軽いので、ケンカ後に会いに行くのは難しくありません。長く関係を続けられるのはこの距離までがほとんどでした。

プンプン！
絶対に私からは
行かないから！

遠距離

one point
単純接触の原理

会う回数が多いほど好意が高まる心理効果を、単純接触の原理と呼びます。遠距離恋愛はこの原理がはたらく機会を減らすので、好意がなかなか高まらないことも、長続きを難しくしてしまう原因のひとつと考えられます。

フラれたばかりは優しさに弱い

なぜ人は失恋したあとに優しくされると、その相手のことが気になりはじめるのでしょう？

フラれて落ち込んでいるときに優しくしてくれた異性と新たな恋に落ちる……という経験は誰にでもあることではないかもしれませんが、そういう話を聞くこと自体は少なくありません。**失恋や失敗などでネガティブな気持ちになっているときに優しくされると、人間は優しくしてくれた相手のことを「自分の自尊心を回復するのに必要な存在」として認識する**ことが多くなります。これは「好意の自尊理論」と呼ばれます。

仕事も順調だし恋人もいて人生が楽しい！

自尊感情高め

自分の願望と近い状態の人生になると、自分を受け入れ、積極的に他者にも優しい魅力ある人になります。

あっ

仕事で大失敗

大失恋

必ず訪れる人生の危機

理想的な人生がいつまでも続くわけではありません。時には、大きなミスや失恋などでつまずくこともあるでしょう。

失恋に限らず、仕事での大失敗や受験の失敗など、自分の存在自体を否定的に考えてしまいそうなダメージは、誰にでもありえます。そんなときに好意的／肯定的に接してくれる相手がいると、自尊心や自己評価を回復しやすくなるのです。**自己評価が下がっているときには、以前には見向きもしなかったような相手からでも好意を寄せられればグラつきやすくなる**ので、意中の相手が失恋したときは、その人を口説ける絶好のチャンスというわけです。

自尊心が低下

人生でつまずいたとき、その人の自尊感情が一時的にとても低くなります。

慰めてくれた相手に好意

自尊感情が低いときに、好意を示されたり褒められたりすると、その相手に対して好意を抱きやすくなります。

慰めてくれた相手＝必要な人

低下した自尊感情を高めてくれた相手のことを、自分にとって必要な人、と感じてしまうのです。

仕事のモチベーションは4つの欲求で決まる

仕事のモチベーションを上げる要素は実は4つの欲求で決まっていたのです。

人間を仕事へと駆り立てる主要な動機は「達成」「親和」「権力」「回避」という4つの欲求とされています。 これはアメリカの心理学者マクレランドの説で「欲求理論」と呼ばれ、この**4つの欲求が仕事のモチベーションを左右する**といわれます。4つの要素のうちどれが強いのかは人によって違っていますが、仕事に限らず人間の行動には必ずこの4つの欲求のいずれかがあるとされます。

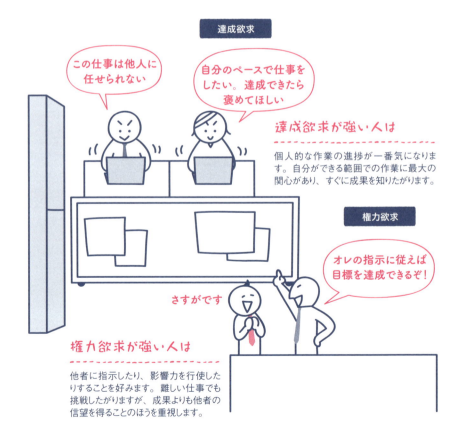

達成欲求

この仕事は他人に任せられない

自分のペースで仕事をしたい。達成できたら褒めてほしい

達成欲求が強い人は

個人的な作業の進捗が一番気になります。自分ができる範囲での作業に最大の関心があり、すぐに成果を知りたがります。

権力欲求

オレの指示に従えば目標を達成できるぞ！

さすがです

権力欲求が強い人は

他者に指示したり、影響力を行使したりすることを好みます。難しい仕事でも挑戦したがりますが、成果よりも他者の信望を得ることのほうを重視します。

簡単に説明すると、**報酬よりも何よりも何かを成し遂げること自体を欲するのが「達成」の欲求**、友好的で密接な対人関係を結んで他人から好かれたいと望むのが「親和」の欲求、他人に影響を与えたりコントロールしたいと願うのが「権力」の欲求、とにかく失敗やトラブルを避けたいと思うのが「回避」の欲求です。こうしてまとめると、あなたがどんな欲求に基づいて仕事や他の行動をしているのかも、よくわかりますね。

親和欲求

大変な作業だから
手伝うよ！

助かる！

機会があったら私が彼の
仕事を手伝ってあげよう！

親和欲求が強い人は

他者の役に立つことで、よく見られたい、好かれたい、という願望が強いです。一人で仕事をすると緊張に耐えられなくなります。

回避欲求

あまり高い目標は
持ちたくないなあ……

私も。みんな
同じなら仕方
ないけど……

回避欲求が強い人は

リスクは極力避け、周囲の人と同じ程度の目標にしようとする傾向があります。

女性のお悩み相談に解決はいらない

察してほしいときにうまく察してもらえない。
男女のすれ違いの原因は脳にありました。

彼女や女友達に悩みを打ち明けられて、アドバイスをしたら相手が不機嫌になったり怒られたりした……という経験のある男性は意外と多いのではないでしょうか。これは、**男女の脳の違い**からくるといわれています。**男性が会話に「意味」や「目的」を求めるのに対して、女性は「共感」を求めるとされます。**解決しようとして冷静なアドバイスをしたりするのはかえって NG なのです。

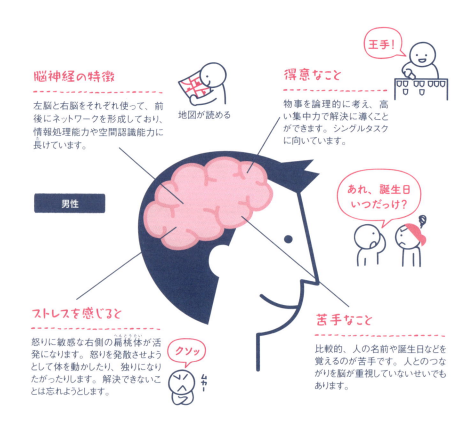

脳神経の特徴

左脳と右脳をそれぞれ使って、前後にネットワークを形成しており、情報処理能力や空間認識能力に長けています。

地図が読める

得意なこと

王手！

物事を論理的に考え、高い集中力で解決に導くことができます。シングルタスクに向いています。

あれ、誕生日いつだっけ？

男性

ストレスを感じると

怒りに敏感な右側の扁桃体が活発になります。怒りを発散させようとして体を動かしたり、独りになりたがったりします。解決できないことは忘れようとします。

クソッ

苦手なこと

比較的、人の名前や誕生日などを覚えるのが苦手です。人とのつながりを脳が重視していないせいでもあります。

女性が悩みや愚痴を話しているとき、男性がするべきなのはアドバイスしたり結論を引き出したりすることではありません。相手のつらさや悲しさに共感し、「わかるよ」「それは大変だね」といった相づちを打ちながらただ話を聞くのです。**女性は男性に悩みや愚痴を話すときに、解決などは最初から求めてはいないのです。** 話の腰を折らず、傾聴に徹することが何よりも大事です。悩みや愚痴に限らず、男性は聞き上手を心がけたほうが良さそうです。

脳神経の特徴

左脳と右脳をつなぐ脳梁が大きく左右のネットワークが発達しているため、相手の表情を読み取るのが得意で、自分の体調や感情の変化にも敏感です。

嘘ついてるでしょ！

得意なこと

高い洞察力で、多角的に物事を見ることができます。マルチタスクに向いています。

女性

苦手なこと

マルチタスク型で、目の前の様々な情報を取り込んでしまうため、とても疲れやすい側面があります。特に睡眠不足には弱く、抑うつ状態やイライラの原因になります。

ストレスを感じると

感情に影響を与える左側の扁桃体が活発になります。誰かにグチを聞いてもらったり、誰かを責めたりして発散しようとします。解決できないことは、誰かと共有しようとします。

もう信じらんない！

心理のふしぎ
20

高い時計が欲しくなる

自分を良く見せるための物は、
実際に自分を高めてもくれるのです。

高価な時計やスーツを身につけて、自分自身の格が上がったように感じることは、誰にでもあるでしょう。**これは「自我拡張」と呼ばれる心理作用で、自分の持ち物まで含めて「自分」であると認識することをいいます。** そのため、高級な物を身につけただけで、自分自身の価値が高まったように思うのです。自分に自信を持つやり方のひとつとして積極的に取り入れるのもアリではないでしょうか。

ステータスも自我をつくる

自我は自分の内面にあるものですが、自分の外側、つまり身につけているものや、経歴、状況などのステータスも含めて構成されています。すべてがみすぼらしいと、劣等感を抱きがちになります。

44

自信を持つことは大事ですが、一方でそれが難しいと感じている人も多いはずです。自我拡張は、簡単に自信を高める手段のひとつです。たとえば友達に有名人がいて鼻が高いと感じるのも、自我拡張の一種といえます。高価な時計や服や車などは本来であれば「自分自身」ではありません。**しかしそれらを所有したり身につけたりすることで少しでも自信がつけられれば、何事にもよりポジティブな気持ちになれることでしょう。**

自我拡張でポジティブに

劣等感を克服するには、何かひとつ、ステータスで他人に誇れるものを手に入れることです。そうすれば自分も誇らしい人間になった気持ちになり、ポジティブに物事を考えられます。これが自我拡張です。

高学歴がイケメンに見える

「高学歴」という肩書きだけで、よく見ると
タイプかも……と思ったことはありませんか?

「初頭効果」などと並んで人に与える印象を大きく左右する心理作用に「ハロー効果」があります。人の印象や評価というのは、ひとつの要素で大きく変わってしまうものです。たとえば、相手が有名大学出身だったりすると、無意識のうちにルックスまで高く評価してしまうことがあります。**高学歴の人が実物以上にイケメンに見えてしまったりするのは、人間の心理として自然なことなのです。**

ポジティブハロー効果

あの人、帰国子女なんだって
好みじゃないけど
カッコイイかも

私あ, あいう
顔、好き

ハーバード大学
卒業

高学歴でカッコよさアップ

際立ったひとつの特長によって、その他の部分の印象が底上げされることを、ポジティブハロー効果といいます。

ネガティブハロー効果

あの人の大学って
聞いたことない
名前だった

ちょっと顔も
がっかり
だよね

無名大学卒業

凡庸な学歴で見た目も凡庸に

反対に、ネガティブな印象の特徴があると、全体の印象も引きずられて下がってしまいます。これはネガティブハロー効果といいます。

このように、相手がある部分で良い面や悪い面を持っているときに、そのことで相手に対する評価全体が上がったり下がったりすることをハロー効果といいます。ハロー効果をポジティブな方向に利用するには、たとえば**名刺などに自分の肩書きや取得した資格、これまでの仕事の実績などといった情報を載せておく**などという手があります。それにより、相手に「この人は有能そうだ」という印象を与える可能性がグッと高まるのです。

新卒採用が高学歴ばかりの企業

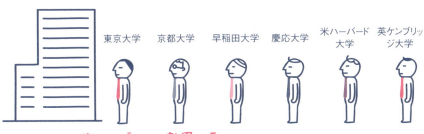

東京大学　京都大学　早稲田大学　慶応大学　米ハーバード大学　英ケンブリッジ大学

ポジティブハロー効果の例

高学歴でも結果を残せない人はたくさんおり、本来はビジネスパーソンとしての能力と学歴は関係がありません。しかし、難関大学を卒業したという人＝社会でも優秀という印象になってしまうのです。

企業の不祥事

ブラックバイト

異物混入

食品偽装

ネガティブハロー効果の例

それまで好感度の高かったレストランも、全国紙を賑わすような不祥事を起こせば、途端に信用が地に落ちます。他にも何か問題があるのでは、と考えてしまう、ネガティブハロー効果が作用するのです。

心理のふしぎ
22

ランキングが気になる

自分の成績や順位が気になるのは、安心感が欲しいせいなのです。

会社での成績にしろクラス内での力関係にしろ、自分がどのあたりに位置しているのかを常に気にかけている人は、多いものです。**人間には、集団の中で自分がどの位置にいるのかを周囲と比較して評価したいという欲求があります。** これは「社会的比較理論」と呼ばれています。他人と比較することで自分の立ち位置を確認し、それにふさわしい行動や判断をしようとするわけです。

比較することで安心できる

2位

5位

私が食べたいパンは
1位か……
やっぱりこれが
美味しいよね

オレの好きなパンは
ランク外……この美味しさ
がわからないなんて
不幸な……

1位

とりあえず1〜3位
までのパンを
買おうっと

3位

4位

他人と比べたがるのは生まれ持った欲求

自分の意見が正しいのか、能力が優れているのか劣っているのか、人は他人と比べたがります。比べることで、不確実な自分の評価を確実なものに近づけたいという欲求があるのです。ランキングは、自分の意見や好みが世間でどう受け入れられているかの指標になります。

たとえば、自分の選んだ商品が人気商品のランキング内に入っているのを見て安心したりするのも、社会的比較理論の一例です。**「みんなが選んでいる物と同じ物を選んでいる自分」**に安心しているわけです。日本は長い間「一億総中流社会」と呼ばれ、大金持ちでも極端な貧乏でもない人たちが大半を占める世の中に安心感がありましたが、「格差社会」といわれる最近の世相では、安心を得るのも難しくなっているのかもしれませんね。

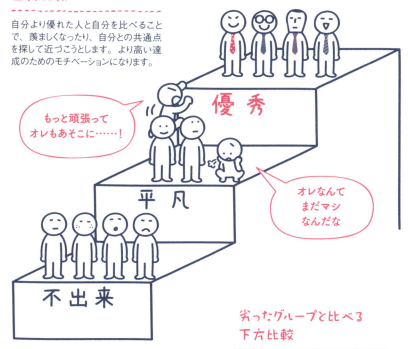

上方比較と下方比較

優秀グループと比較する
上方比較

自分より優れた人と自分を比べることで、羨ましくなったり、自分との共通点を探して近づこうとします。より高い達成のためのモチベーションになります。

もっと頑張って
オレもあそこに……!

優秀

オレなんて
まだマシ
なんだな

平凡

不出来

劣ったグループと比べる
下方比較

自分より劣ったグループと比較することで、安心感を得ることができます。特に大病などの不幸に見舞われた人は、下方比較をする傾向があります。

心理のふしぎ
23

王室御用達といわれると欲しくなる

気分良く話したり、物の価値を高く感じたり。
それって前後の文脈が重要みたいです。

商品の価値は、品物それ自体だけにあるわけではない……というのは、誰でもわかると思います。商品をどのように見せるか・提示するかがいかに重要であるかは、メディアに様々な広告があふれている今の世の中を見れば容易に理解できることでしょう。**マーケティングの分野では、消費者に商品の価値をより強く感じてもらうためのテクニックのひとつとして「文脈効果」がよく利用されています。**

楽しい話の後はお願いを聞きやすい

友人について
聞かせてください

いいよ

もっと他の質問を
してもいいですか？

かまわないよ

同僚について
聞かせてください

いいよ

もっと他の質問を
してもいいですか？

いや、急いで
いるんで……

52%が快諾

快諾したのはわずか18%

話の流れで印象が変わる

心理学者フィッツサイモンズは、友人について話を聞く場合と、仕事の同僚について話を聞く場合で、追加の質問を受け入れてもらえるか実験を行ったところ、明らかに友人について聞いたほうが快諾してもらう割合が増えました。文脈によって、追加質問への感じ方が変わったのです。

由緒正しいと価値が高い

高貴なイメージが浮かぶので憧れる

テレビで見たやつ！

○○王室御用達
ティーカップ＆ソーサー
100,000円

陶器
ティーカップ＆ソーサー
2,000円

文脈が価値を分ける

同じ材質、製法、絵柄であっても、歴史上の人物が愛用していたり、王室が愛用していたメーカーという肩書きがあると、それだけで価値が上がります。

文脈で文字や数字を読んでしまう

12 13 14
A 13 C

前後のつながりが意味をつくる

同じ言葉、同じ文字であっても、前後のつながりによって、意味が変わることがあります。図のように、13とBはまったく同じ形ですが、数字の中にあるか、アルファベットの中にあるかで、自然とどちらかに読めてしまうのです。

商品の周辺の情報（文脈）が違えば、商品自体の価値も違って感じる……というのが文脈効果です。 たとえばケーキ屋の店頭に美味しそうなお菓子があったとします。そこに添えられているポップが単に「人気商品」か、それとも「○○王室御用達！」かでも、そのお菓子の魅力は違って見えてくるはずです。これが文脈効果です。商品に歴史や権威を感じさせるよう紹介や提示の仕方を工夫すれば、価値が上がって見えたりするのです。

嫌味でいつまでもモヤモヤしてしまう

嫌味をいつまでも思い出してモヤモヤしてしまうのは、ある心理効果のせいでした。

誰かから嫌味を言われたときに、「あれはどういう意味だったんだろう……」と思い悩んで、いつまでもモヤモヤしてしまう……という人は多いのではないでしょうか。そのようなことで心を痛めるのは、良いことではありません。**他人の嫌味についてあなたが自分で考えて答えを出そうとすると、嫌味を言われたことがより強く心に残ってしまうのです。**この作用を心理学では「自己説得効果」と呼びます。

嫌味は深く考えてはダメ

嫌味の意味を考えようとすると、自己説得効果でより深く傷ついてしまい、ストレスが溜まって損をしてしまいます。軽く受け流して、すぐ忘れてしまうようにしましょう。

逆に、嫌味について自分で考えることをやめてしまえば、心にはあまり残りません。むしろ相手にすかさず「それはどういう意味でしょうか？」と質問で返すのもおすすめです。**質問されれば、相手は嫌味について自分で説明しなければならない状況に陥り、大抵は困ってしまいます。**そうなると、相手にとってはあなたに嫌味を言うのは面倒くさいということになり、以後はあまり嫌味を言ってこなくなる可能性が高いのです。

自己説得効果の応用：解決質問

質問でメリットを認識させる

何かを迷っているが、購入まであと一歩、という見込み客には、解決質問が有効な場合があります。質問により、客がどんな問題を抱えていて、商品を購入することでどんな解決に至るかを考えさせることで、客は自己説得効果によってメリットを強く認識することができ、購入意欲が高まるようになります。

ふしぎとなんでもできる気がする

心理のふしぎ **25**

他者からの信頼や期待というものが、ふしぎと自分をなんでもデキるという気にさせるものです。

物事を成し遂げるにはそのための能力や努力が必要なのはもちろんですが、「根拠のない自信」というのも意外と効き目があったりします。アメリカの心理学者バンデューラは、どんな状況であっても自分は結果を出せるという、自分に対する有能感や信頼感のことを「自己効力感」と名付けています。**実際、成功を収めている人は自己効力感の強い場合が多い傾向があります。**

自己効力感を高めるための4つの方法

❶達成体験

前回90点とれたんだから、今度も高得点目指すぞ！

成功は自信獲得の万能薬

自分自身で一度でも成功していれば、強力な自己効力感になります。小さなことでも達成体験があれば「できないこと」よりも「できること」に目を向けるようになり、自信につながります。

❷代理体験

先輩、あんなに勉強してたからな……ようし、オレも！

先輩を見習う

誰かが成功している様子を見ていれば、成功するためのやり方がわかるので、「自分でもできそう」と感じられます。特に同じくらいの能力だと見込んでいる他人なら、より強い自己効力感につながります。

❸ 言語的説得

大丈夫! 今まで頑張ってきたんだから絶対合格できるよ!

はい!

言葉の力は強い

言葉によって「できる」と説得されることで、自己効力感も高まります。具体的な理由があるとなお効力も高くなります。また他人による説得だけでなく、自分で「オレはできる!」と繰り返し説得することも効果的です。

❹ 生理的情緒的高揚

オレなら合格できるぞ〜

一時的な万能感

アルコールや薬物によって高揚感を得ることで、自己効力感も得られます。ただし、この感覚は一時的なもの。効果が切れれば反動で深い無力感が襲ってくることにもなりかねません。

間違ってお酒飲んじゃってる〜

何かを成し遂げようとして行動するときには、「結果予期」（このように行動すれば、このような結果が出るという予測）と「効力予期」（このような結果を出すために、自分にはふさわしい行動ができるという確信）が必要です。自己効力感は、効力予期の強さを示します。**自己効力感が強ければ、それだけモチベーションも高くなり、結果に結びつきやすくなるのです。** 自分を「やればできる子だから!」と思い込むのも、アリというわけです。

心理のふしぎ
26

暗い場所だと本音を話したくなる

暗い場所では自制心や道徳心のブレーキが弱くなり、本来の欲望が出やすくなるのです。

アメリカの心理学者ガーゲンは、互いに面識がない男女を6人ずつ集めて、明るい部屋と暗い部屋で過ごさせるという心理実験を行いました。**参加者たちは、薄明の部屋ではごく当たり障りのない会話をするにとどまりましたが、真っ暗な部屋では会話が減りつつも、内容はよりプライベートなものになりました。**そして男女の距離が近づき、直接的なスキンシップが行われることもあったのです。

部屋が明るいと……

付き合っている人とかいるんですか？

いないですよ〜

サイクリングが趣味なんですよ

健康的ですね！

開放的になりにくい

実験では、薄明の部屋の男女は当たり障りのない会話に終始しました。座る場所も距離があり、なかなか警戒心が解けないようでした。

真っ暗な場所では、多くの人が不安を感じるため、無意識に誰かに寄り添いたいという欲求が高まります。また、**暗闇では自制心や道徳心のブレーキも弱くなるため開放的な気分になり、明るい場所よりも本音や欲望を表に出しやすくなるのです。**これらの作用は「暗闇効果」とも呼ばれています。あなたが意中の相手と仲を深めたいと思うなら、照明が暗めで雰囲気のあるお店をデートの場所に選ぶのはとても効果的といえるでしょう。

部屋が暗いと……

心が開放的になりスキンシップをする者まで

暗い部屋では、会話はプライベートなものになり、体を密着させる者や、スキンシップをする者もいました。暗いことで外見上の欠点が見えにくくなり、心が開放的になるのだと考えられています。

情熱的なキスをする男性に要注意

心理のふしぎ 27

ロマンチックな彼氏は魅力的ですが、そんな男性には思わぬ落とし穴があることも……。

イギリスの心理学者マクリアンによれば、情熱的なキスをする男性は、結婚すると自己中心的でわがままな夫になる傾向があるそうです。**情熱的なスキンシップをしてくる男性は、相手に対する愛情がより強いからではなく、単に自分の性欲に忠実なだけだというのです。** そのような男性は相手に対する思いやりが欠如しているので、自己中心的でわがままな人間である確率が高いとされています。

結婚前……

私の彼氏、エッチもキスも情熱的なの♡

愛してるよ

結婚後……

オレの言うこと聞いてりゃいいんだよ！

ただ自分勝手なだけだった……

情熱的なキスは性欲に忠実

情熱的なキスは、相手の女性を強く求める愛情表現……ではありません。特にいきなり激しいキスを求める男性は、性欲に忠実になっているに過ぎません。結婚後は自分のわがままを隠そうともせず、亭主関白になる人が多いようです。

では、結婚してうまく行きやすい男性はどんなキスをするのでしょうか。マクリアンによると、**ソフトなスキンシップ中心の男性は、性格が穏やかで相手に対する思いやりがあり、結婚後も穏やかで優しい夫になる可能性が高いといいます。**さて、今この本を読んでいるあなたが女性であれば、彼氏のキスはどんな感じでしょうか。また男性の場合は、ボディータッチの加減を少し考え直してみるのもアリかもしれませんね。

データによると……

高学歴男性

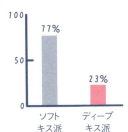

高学歴でない男性

キスの特徴で男性の選び方がわかる

ある調査では、男性の学歴とキスの好みを聞き、学歴が高いほどソフトキスを好み、学歴が高くない人はディープキスを好む傾向がはっきりしました。男性のキスにじれったいと思うことがあっても、女性を気遣ってソフトキスをしてくれる男性を選んだほうが賢明なようです。

男性の脳内では……

オキシトシン＝愛情ホルモンが分泌

愛情ホルモンとは

男性はキスをすると、オキシトシンという愛情ホルモンが脳内で分泌されます。オキシトシンはストレスを軽減し、多幸感を生み出します。逆に女性の場合は、手をつなぐなどのスキンシップや、ムードの盛り上がりによって分泌されます。自分が大事にされていると感じることで分泌され、それでキスを許すという傾向があるようです。

心理のふしぎ 28

つい「ふつう」と答えてしまう

質問されると、つい「ふつう」と答えてしまう。
それは、いつも自信がないからかもしれません。

心理学者キャンベルが行った性格テストによると、**自分に自信がない人ほど質問に対してイエス・ノーがはっきりせず、回答にも時間がかかる傾向がありました。** そのような人は、自分の意見をはっきりと主張することで非難されたりするのを常に恐れています。また、非難に対してうまく反論する自信もないので、言うことが曖昧になるのです。何かを判断する場面でも「ふつう」などと言ってしまいます。

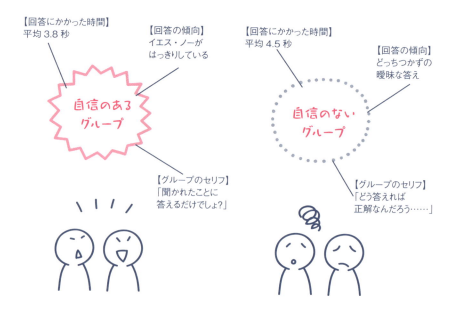

【回答にかかった時間】
平均 3.8 秒

【回答の傾向】
イエス・ノーが
はっきりしている

自信のある
グループ

【グループのセリフ】
「聞かれたことに
答えるだけでしょ?」

【回答にかかった時間】
平均 4.5 秒

【回答の傾向】
どっちつかずの
曖昧な答え

自信のない
グループ

【グループのセリフ】
「どう答えれば
正解なんだろう……」

自信がない人の特徴

自信がない人は、質問に対して「自分がどう思われるか」などを一瞬考えてしまい、回答にワンテンポ時間がかかってしまいました。逆にいえば、何かの質問に答えるまでの時間がかかったり、曖昧な答えをしたりする人は自分に自信がないといえるでしょう。

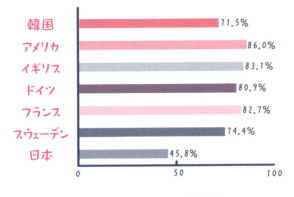

「自己を肯定的に捉えていますか?」

韓国	71.5%
アメリカ	86.0%
イギリス	83.1%
ドイツ	80.9%
フランス	82.7%
スウェーデン	74.4%
日本	45.8%

日本人は自信がない

2013年に各国の13〜29歳の若者を対象に行われた内閣府の調査では、自分に自信があって肯定的に捉えている若者は日本が際立って少ない結果になりました。

自信がない人の特徴

ポジティブ面

- 成長意欲が高く、自分に厳しい
- 妥協せず、中途半端な成功を認めない
- 自律心が強く、とても真面目
- 周囲に配慮し、他者を尊重する

ネガティブ面

- 他人を優先しすぎてしまう
- 対人関係や恋愛が苦手
- 他人とすぐ比較してしまう
- 批判や悪口に敏感
- 褒められても素直に受け入れられない
- うまくいってもたまたまだと思う
- 休日にくつろぐことができない

本当は素晴らしい人

自信がない人は優柔不断で意気地なし、というイメージがありますが、実は周囲に配慮して自分の主張を表に出さず、真面目に努力をする素晴らしい人が多いのです。もしあなたが自信のない人でも、決してそれが悪いことではないと考えるようにしましょう。

何年か前、舞台あいさつに立った有名女優が質疑応答で「別に……」を連発して、バッシングの対象になったことがありました。「別に……」も「ふつう」と同じで曖昧な表現に見えますが、**心理学的には「別に……」が口癖の人は、心の奥底に不満を抱えやすく、何かと根に持つタイプと分析されています。** 件の女優の場合は、「別に……」という言葉の印象がいかにも不機嫌そうな態度と相まってバッシングの対象となったのでしょう。

人はなぜ見て見ぬふりをするの?

心理のふしぎ 29

誰かを助けたいと思っても、周りに人がいると動けなくなってしまうのは、なぜでしょう?

1964年、アメリカ・ニューヨーク州で起きたキティ・ジェノヴィーズ事件は、とても痛ましいものでした。街中で堂々と女性が襲われ、**助けを求める女性に気づく近隣住民はいたものの、助けに行ったり警察を呼んだりすることはなく、女性は帰宅するまでに何度も襲われて命を落としました。**この事件から傍観者効果という心理効果が提唱され、人の援助行動についての研究が盛んになりました。

傍観者が多いと誰も行動しなくなる

周囲の様子を見る心理

傍観者が多く、誰も行動を起こさない場合、積極的に自分から行動を起こさなくなるというのが傍観者効果です。周囲の様子を見て、誰も行動しないから緊急ではないと判断したり、他人と同調することで責任や非難を分散できると感じる心理がはたらいています。

one point

援助行動

他人に利益をもたらす行為を、自発的にすることを指します。人間は時に利他的な行為をしますが、それはなぜなのか、心理学でも盛んに研究されています。

援助行動について、アメリカの心理学者カニングガムによる興味深い実験があります。**人間は良いことがあって機嫌が良くなっているときや、罪悪感を抱いているときには、何か良いことをしたり他者を援助したりすることに積極的になるということがわかりました。**何事もない「普通」の精神状態のときに比べると、善行に対する積極性は2倍近くなるとされています。根っからの善人や悪人はいないもので、善い行いというのも、したくなる条件があるということが、この実験で判明しました。

人はどんなときに援助行動をするのだろう？

実験1　電話ボックスに小銭を残し……

拾った人の前で書類を落とすと73%の人が拾うのを手伝ってくれた

実験2　カメラを渡して……

カメラを壊したかのような気持ちにさせたあとで書類を落とすと、80%の人が拾うのを手伝ってくれた

小銭がないと……

ちなみに小銭を拾わなかった人が手伝った割合は40%。人は何か良いことがあると、快感情が高まって他人を手助けしたくなることがわかりました。

罪悪感も人助けを促す

小銭の実験では快感情が人助けの気分を高めましたが、この実験では罪悪感でも同様の効果があることがわかりました。

欠点の質問にはどう答える?

何かをおすすめするとき、メリットとデメリットをどのように伝えるといいのでしょう?

あなたが販売の仕事をしていたとして、商品の長所をプッシュすることは簡単なはずです。しかし、**短所をうまく説明することは誰でも難しいと感じるのではないでしょうか。**「これにはどんな欠点がありますか?」と尋ねられたときに、うまく説明しながらそれでもその商品の長所を伝えられるでしょうか? また、短所をきちんと説明できなかったばかりに、いざというときにクレームになったりしないでしょうか?

冷蔵庫

こちらは容量も省エネも申し分ないですが、扉の開閉が不人気で

なるほどね〜
あっちのはどうですか?

どれが一番
いいですか〜?

おすすめはこちら
性能に対してコスパ
がいいんですよ!

吟味したい客には両面提示を

思慮深く、情報を深く知って吟味したい人には、両面提示が良いでしょう。情報を隠さずにいることで、信頼も高まります。

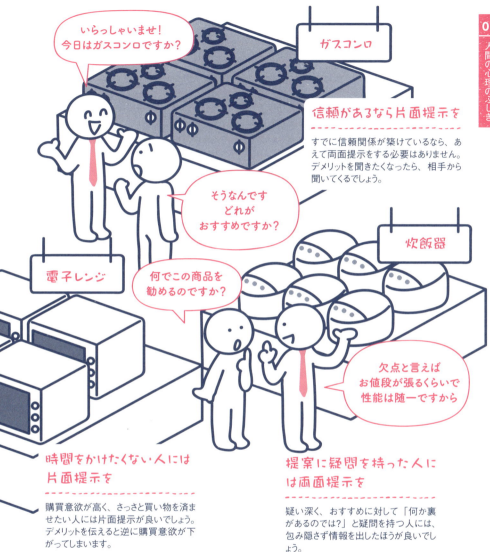

いらっしゃいませ！今日はガスコンロですか？

ガスコンロ

信頼があるなら片面提示を

すでに信頼関係が築けているなら、あえて両面提示をする必要はありません。デメリットを聞きたくなったら、相手から聞いてくるでしょう。

そうなんですどれがおすすめですか？

炊飯器

電子レンジ

何でこの商品を勧めるのですか？

欠点と言えばお値段が張るくらいで性能は随一ですから

時間をかけたくない人には片面提示を

購買意欲が高く、さっさと買い物を済ませたい人には片面提示が良いでしょう。デメリットを伝えると逆に購買意欲が下がってしまいます。

提案に疑問を持った人には両面提示を

疑い深く、おすすめに対して「何か裏があるのでは？」と疑問を持つ人には、包み隠さず情報を出したほうが良いでしょう。

商品などの説明で、メリットだけを強調するのは「片面提示」、メリットとデメリットの両方を伝えるのは「両面提示」と呼ばれます。片面提示は、相手があとでデメリットを知ってしまったときにクレームになることもあり、**一般的には両面提示のほうが相手から納得も信頼も得られることが多いとされています。**デメリットもきちんと説明してくれるからこそ、商品もあなた自身も信頼できる、と思ってもらえる可能性が高まるのです。

心理のふしぎ
31

迷子になっても泣かない子ども

**迷子になった子どもの反応に、その子が抱える
多くの問題が表れているものです。**

雑踏の中で親を見失ってしまったとき、子どもの反応は様々です。それには「愛着理論」が大きく関係しています。**小さな子どもが正常に発育していくには、養育者（両親など）との親密な関係が必要とされています。** 乳幼児は、生後6カ月〜2歳頃まで養育者と過ごすことによって養育者に「愛着」を示すようになり、養育者がいなくなったときには悲しむように育つのです。

ごめんね〜

うえ〜ん！
ママ〜！

どこ行ってたの！

安定型

母親とはぐれると不安になり、泣いたり無口になったりしますが、再会するとすぐに身体的接触を求め、混乱もあっという間に鎮静化します。母親が安全基地として機能しています。

養育者がいなくなったり引き離されたりしたときの子どもの反応は、その育ち方によって「安定型」「回避型」「抵抗／両価型」「混乱型」の4つに分類されます。 6割の子どもが「安定型」に分類され、迷子になって泣いたりしても親と再会すれば喜んで抱かれるのに対して、「混乱型」の場合は無反応だったり激しく泣いたり再会した親を叩いたりと、無秩序な反応を示します。親に虐待されている場合などにこのような状態になることが多いとされます。

抵抗／両価型

母親とはぐれると強い不安と動揺を示します。再会すると強く身体的接触を求める一方で、言葉で責めたり、攻撃をすることもあります。母親が気まぐれで、子どもへの働きかけに一貫性がないため、安全基地としてあまり機能していないと考えられます。

回避型

母親とはぐれても動揺がなく、基本的に無口、再会しても無関心です。これは親が安全基地として機能しておらず、普段から子どもの行動を否定してばかりで強く規制しているためと考えられます。

混乱型

不安そうだったり無表情だったり、一方で再会時に顔をそむけながら接触しようとしたり、矛盾する行動や秩序のない行動パターンを示します。過去に心的外傷を抱えていたり、虐待などを受けていたりする子どもに多い行動です。

嫌われる勇気って何?

相手のためを思うやり方は難しいものです。
アドラー心理学はひとつの回答を示してくれます。

「個人心理学」を提唱した心理学者アドラーは、自分と他人の課題は分けて考えなければならないと主張しています。アドラーによれば、**他人の課題には踏み込まず、自分がどうしたいか、自分が何をするのが良いかという自分の課題だけを考えるべき**というのです。相手に気を遣うことはもちろん大事ですが、「相手があなたをどう思うか」はあくまで相手の課題で、あなたにはコントロールできません。

課題の分離とは

ヤダー
もっと遊びたい!

勉強しないと良い
学校に進学できないよ?

子どもがより良い人生を歩む
ようにサポートするのが私の
課題。強制はできない

良い学校に進学できるかどうかは、子どもの課題
です。親は差し出がましいことは言わず、デメリッ
トだけ伝えて自主性に任せましょう。

手遅れかもしれないけど
良い学校に行きたい……

じゃあ頑張らないとね!
良さそうな塾を
調べておいたよ

本人がやりたいことは、最大限サポートしましょう。その結果、
成功すれば自分の自信になり、失敗して後悔しても、次の挑戦
へのモチベーションになるでしょう。

他人に差し出がましく命令する行為は、相手を独立した個人として認めていない行為で、課題の分離ができていません。

命令に従ったすえに失敗すると、矛先は命令者に向かいます。子どもは自分のことを自分の課題と認識できず、親に責任をなすりつけて、人間関係がこじれてしまいかねません。

「相手にどう思われるか」を意識しすぎると、判断を誤ったりして、間違った行動をしてしまうこともありえます。あなたの人生は、言うまでもなくあなた自身のものです。他人にどう思われるか、「嫌われるのではないか」と心配するよりも、一番重要なのはあなた自身が何をするか、どう生きるのかという、あなた自身の課題です。**相手の顔色をうかがいすぎず、ときには「嫌われる勇気」を持つことも、あなた自身のために必要なのです。**

どうして
心の病気になるの？

　うつ病や統合失調症などの心の病気には、どうしてかかってしまうのでしょう？　実は、人間関係などの社会的なストレスが大きく関わっているとはいわれているものの、明確な原因というのはわかっていません。

　ただ、メカニズムについてはかなり明らかになっています。多くの心の病気は、脳の神経が変調をきたし、神経伝達物質のはたらきが悪くなってしまうのです。そのため、思考や想像、快・不快といった感情がうまく形成できなくなり、一日中ふさぎ込んだり、逆に怒りっぽくなったりしてしまうのです。脳のはたらきが変調すると、心だけでなく体にも不調が起きます。自覚症状があった場合、早めに専門家の診断を受けることで、早期回復が期待できます。

············

他人の
心理を見抜く

心理を見抜く
01

上司にはタイプがある

上司は、4つのタイプに分けることができます。
あなたの上司はどのタイプですか?

16ページでは「嫌味を言う上司」との付き合い方について話しましたが、どんな上司であれ、うまく付き合っていくのは大事なことです。自分の上司のタイプを見抜いておくと、仕事にもうまく対応できることが多いのです。**基本的に上司はそのリーダーシップの表れ方によって4つのタイプに分けることができ、社会心理学者の三隅二不二はそのタイプ分けを「PM理論」として説明しています。**

P =パフォーマンス機能
M =メンテナンス機能
大文字はその機能が強く、
小文字は弱いことを
表しています。

よしあと少しだ!
この仕事終わったら
打ち上げやるぞ!

やったー
頑張りましょう!

PM型：理想の上司タイプ

目標達成機能と集団維持機能がバランスよく高い上司は、理想的といえます。部下は安心して最大のパフォーマンスを発揮できるので、成長も早く、チームワークも良好となります。
〈この上司には〉心置きなくついていきましょう!

今月のノルマ足りて
ないぞ!
何やってんだ
お前ら!

……
頑張ります

Pm型：仕事人間タイプ

目標達成機能は高いですが、集団維持機能は低めな上司は仕事人間タイプ。この上司は部署の成績を上げることはできますが、部下の離職率も高く、また部下同士で足の引っ張り合いが起こることも。
〈この上司には〉仕事以外の雑談は振らず、報連相（報告・連絡・相談）をきちんとやりましょう!

PM理論では、チームの目標達成のため部下に働きかける「P機能」と、チームの安定のため部下に配慮する「M機能」のバランスによって上司のタイプを分類しています。P機能が強い上司は「仕事人間」ということになり、P機能とM機能のバランスがとれていれば「理想の上司」、M機能が強ければ和を重んずる「平和主義」、PもMも弱ければ上司失格（?）の「遊び人」ということになります。あなたの上司はどのタイプでしょうか?

pM型：平和主義タイプ

目標達成機能が低い反面、集団維持機能が高い上司は平和主義タイプ。部下への配慮は欠かしませんが、成績はほどほどになり、また部下の成長ものんびりしたものになります。
〈この上司とは〉親しくしながらも、出世がしたいなら自分で考えて仕事をしましょう!

pm型：遊び人タイプ

目標達成機能も集団維持機能も軒並み低い上司は、のんびり遊び人タイプ。部署の成績は低迷し、部下の成長も見込めません。リーダー失格といえるでしょう。
〈この上司には〉ついていかず、自分で自立的に仕事を進めるか、部署異動を願い出ましょう。

心理を見抜く
02

ビジネスで成功する人の特徴

ある4つの質問で、ビジネスで成功しやすいか、
円満家庭を築きやすいかがわかります。

ビジネスで成功する人は、以下の4つの対人態度のうち、3つ以上に当てはまる人とされています。①他人に助けられたら、すぐにお返しをしたい②助けてあげた相手からお返しがないと、一方的に利用されたと感じる③共同で行った仕事の報酬は平等に分配するのではなく、貢献の度合いによって割り振るべきだ④援助した相手から感謝の言葉がないと気分が悪い……さて、いくつ当てはまったでしょうか?

心理テスト 次のうち当てはまるのはいくつですか?

○手伝ってもらったら、すぐにお返しをしなければと思う。

○助けてあげた相手からお返しがないと気分が悪くなる。

○仕事の報酬は貢献の度合いによって割り振るべきだと思う。

○援助した相手から感謝の言葉がないと気分が悪い。

これらのうち**3つ以上に当てはまる人は、「交換的人間関係」を重視するタイプです。**自分や他人の働きや貢献に対して、応分の見返りが必要と考えているのです。一方、**これらに当てはまらないタイプの人は、相手に対する行為に見返りをあまり求めません。そのような人は「協同的人間関係」を重視しています。**協同的人間関係を重視している人は、有能なビジネスマンではないかもしれませんが、恋愛関係ではうまく行くとされています。

3つ以上当てはまる人は……交換的人間関係を重視

win　win

＝ビジネスで
　　成功しやすいタイプ

交換的人間関係を重視するあなたは、受けた恩は必ず返しつつ、自分の貢献に見合った報酬を求めるため、他人とWin-Winの関係を築きやすいタイプです。このタイプの人は、ビジネスで成功しやすいといえます。

2つまでしか当てはまらなかった人は……協同的人間関係を重視

家族　無償の愛

協力し合う関係

＝円満家族を
　　築きやすいタイプ

協同的人間関係を重視するあなたは、あまり物事を損得で考えないタイプ。ビジネスでは損をすることも大いにありえますが、恋愛では信頼し合えるパートナーと理想的な家族を築くことができるタイプでもあります。

心理を見抜く
03

姿勢でわかる心の開き具合

人の立ちふるまいから、相手が自分に対してどれくらいの親密度を持っているのかがわかります。

男性がよくやる腕組み。そこにも心のはたらきが表れています。**心理学では、腕を組むのは緊張や警戒、あるいは拒絶の無意識の表れとされています。**商談の席などで相手が腕を組んでいたら、信用されていないと思ったほうが良いかもしれません。他にも、**拳を固く握っていたり、脚をぴったり閉じていたり……これらの姿勢は「クローズド・ポジション」と呼ばれ、相手に心を開いていないことを示すといわれます。**

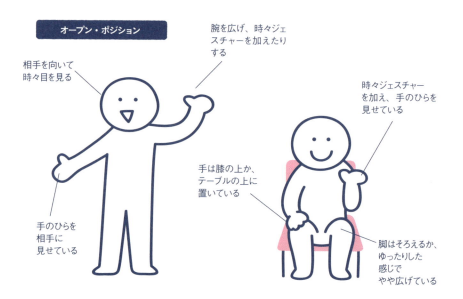

オープン・ポジション

相手を向いて時々目を見る

腕を広げ、時々ジェスチャーを加えたりする

時々ジェスチャーを加え、手のひらを見せている

手は膝の上か、テーブルの上に置いている

手のひらを相手に見せている

脚はそろえるか、ゆったりした感じでやや広げている

信頼していると自然ととる姿勢

オープン・ポジションの姿勢は、相手を信頼していると自然ととってしまう姿勢です。相手に信頼感を与えるために、あえてとることもテクニックですが、相手が心を開いているかの目印にすることもできます。

一方、**相手が脚にあまり力を込めずゆったりしていたり、テーブルの上に腕を広げていたり、拳を握らずに手のひらを見せていたり……といった開放的な姿勢をとっている場合は「オープン・ポジション」といい、**このような姿勢は気持ちがリラックスしていて、相手に心を開いて距離を縮めようとしていることを示します。相手に心を開いてもらいたいと思うときは、こちらが意識的にオープン・ポジションをとるようにしてみるのも良いでしょう。

クローズド・ポジション

顔をそらし、
目を見ようとしない

ジェスチャーは
おろか、
相づちもない

顔をそらし、
目を見ようとしない

腕組みを
している

腕組みを
している

脚を
組んでいる

警戒しているととりがちな姿勢

腕や足を組んだり、顔をそらしたりする姿勢はクローズド・ポジションと呼ばれます。警戒心の表れであり、相手がこれらの姿勢をとったら、まだこちらを信用していないと考えて良いでしょう。

すぐキレる人の心理

相手の行動に、ことさら敵意を読み取ってしまう人がいます。

路上や電車の中で、体がぶつかったなどの理由でトラブルになり、ケンカになったり傷害沙汰になったり、最悪殺人事件に……。このような場合、たまたま体がぶつかったのを、相手に悪意があると思い込むことが多いようです。そのように、**相手から受けた行為を悪意や敵意によるものだと考えがちな人がいます。このような傾向を、心理学では「敵意帰属バイアス」と呼んでいます。**

敵意帰属バイアスの研究

子どもの攻撃性について調査

社会心理学者ドッジらは、攻撃性の強い子どもとそうでない子どもに、自分が積んだ積み木が崩される様子を観察してもらい、その反応を調査しました。明らかに故意、もしくは偶然の場合、両者の反応に大きな違いはありませんでしたが、どちらともとれる場合は、攻撃性の強い子どもは積み木を崩した子に敵意を感じることがわかりました。

敵意帰属バイアスをなくすには

わざとやったんじゃないんだから怒っちゃダメだよ

……わかった

子どものうちから矯正する

敵意帰属バイアスは生まれついてのもので、子どもが大きくなるにつれ社会性の獲得とともに減少していくものですが、攻撃的になったときにそのつど、相手に敵意がないことを説明して納得させると、減少させることもできます。

大人になっても消えない場合は

故意じゃないかも、と思い直す

イテッ

あんまり揺れてないのに、わざと踏んだ！

いや待て たまたまバランスを崩しただけかも……

相手の行動に怒りを感じたら、まず相手の行動が偶然である可能性を考えてみてください。そうすればほとんどの場合、怒りに我を忘れることはなくなります。

6秒待ってみる

待て待て 6秒だけ我慢して冷静になろう

6秒ほどで、人間の怒りのピークは過ぎていきます。その時間を我慢できれば、怒りが暴発することはまずなくなります。

敵意帰属バイアスの強い人は、相手に敵意がない場合でも敵意があるものと思い込みがちで、自分も敵意で返そうとします。そのため周囲からは、何でもないことでいきなりキレる人と見られたりもするのです。敵意帰属バイアスの強すぎる人は認知が歪んでいるということでもあり、犯罪に至る確率が高いともいわれます。他人の言動を悪く取りがちな自覚のある人は、一呼吸置いて「思い過ごしかもしれない」と考え直すことが大事です。

性格は体型に表れる?

**3タイプの体型でわかる性格。
あなたはどれに当てはまりますか?**

ドイツの精神科医・心理学者クレッチマーは、多くの精神病患者と接するうちに、人間の性格は体型とある程度関連することを発見しました。**クレッチマーによれば体型と性格は3種類に大別されています。**①肥満型：循環（躁鬱）気質―社交的だが、一方で感情にむらがある。②やせ型：分裂気質―繊細で非社交的だが、鈍感な部分もある。③筋肉型：粘着気質―真面目で粘り強いが、その半面頑固。

クレッチマーの体型別性格分類法

肥満型＝循環（躁鬱）気質

やせ型＝分裂気質

筋肉型＝粘着気質

人付き合いはいいけど落ち込みやすい

内気でちょっと神経質

真面目だけど頑固

双極性障害、躁鬱病になりやすい性格として考えられました。社交的で温和、親切な性格に加え、活発性やユーモアもありますが、落ち込みやすく陰気で非活動的な状態に陥りやすいとしました。

統合失調症になりやすい性格として考えられました。非社交的で内向的、生真面目ですが奇妙な変わり者が多く、従順な一方で人に傷つけられやすくもあります。

てんかんになりやすい性格として考えられました。頑固さや秩序志向、執着性が強く、一方で回りくどい言い方をしがちで、興奮しやすくよく怒るとされます。

これらについて、たとえば粘着気質の人は粘り強く運動を続けたりすることが得意なので、その結果として筋肉質になる……といったことが考えられ、最近ではクレッチマーの気質説は疑問が持たれ、**体型が性格を決定するのではなく、逆に性格による生活スタイルの違いから体型が形作られることが多いとされています。** また、このような体型性格説は、体型の印象から形成される、という印象形成説が多くとられています。

シェルドンの発生的類型論

内胚葉型＝内臓緊張型

シェルドンは胎児の最初の細胞の、3つの層から気質が作られると考えました。内胚葉が発達した人は内臓が強く、ふくよかな体型になり、性格は安楽を楽しみ社交的。クレッチマーの「肥満型」に相当します。

外胚葉型＝頭脳緊張型

皮膚と神経系がよく発達したので、神経過敏なところがあります。また虚弱体質になりやすく、疲れやすく、細身の人が多いようです。性格は非社交的で神経質。クレッチマーの「やせ型」に相当します。

中胚葉型＝身体緊張型

筋肉や骨の発達がよく、頑丈な体型になります。性格は活動的で冒険を好み、リスクを恐れません。チャンスをつかむためには攻撃的になることもあります。クレッチマーの「筋肉型」に相当します。

地位が高い人は性格が傲慢?

心理を見抜く 06

地位が高いと、性格が傲慢になってしまうようです。周りの権力者たちはどうでしょうか?

「実るほどこうべを垂れる稲穂かな」という言葉があります。富や地位がある人ほど謙虚な姿勢が大切、という意味です。心理学者キプニスは、部下を解雇したり給料を上げ下げしたりという「強い権限」を持った管理職と、最低限の指示を行うだけという「弱い権限」を持った管理職が、部下に指示して一定以上の業績を上げることを目指すとそれぞれどうなるか、という実験を行いました。

キプニスの実験

その問題はこのように対処してください

次の業務も同じように頑張ってください

成績が下がった奴は給料も下げるからな!

お前らが仕事できてるのはオレの指示のおかげだからな!

与えられた権限で性格が激変

キプニスの実験では、人事権まで含めた強い権限と、作業指示だけしか許されていない上司とで、明らかに他人への態度が変わりました。この実験に参加したのは、管理職役は一般の大学生で、部下役は一般の高校生です。誰もが、権力者として堕落する可能性を秘めているのです。

こんな実験もありました〈ガリンスキーの実験〉

他人の視点を持てなくなる

ノースウェスタン大学の心理学者ガリンスキーは、権力を手にした経験を語らせたあとに、額にEの文字を書いてもらいました。すると、自分から見て正しい、つまり相手から見て左右逆になる反転した文字を書きました。この結果から、権力者は他人の視点を持ちづらくなると考えられました。

こんな調査もありました〈グルーエンフェルドの調査〉

うん、まあ有罪でしょ!

他人の扱いがいい加減になる

スタンフォード大学の心理学者グルーエンフェルドは、1000件以上の判決を調査しました。すると、権限の強い判事ほど、判決の意見書に細かいニュアンスや判決から生じる影響についての検討が少なくなっていき、いい加減な判決になったことが判明しました。

実験の結果、**弱い権限しかない管理職は部下を適切に扱って正当に評価し、部下からも高く評価されました。**一方、**強い権限を持った管理職は減給や解雇をちらつかせて部下に高圧的な態度をとり、業績が上がっても部下の貢献を評価せず自分の采配の良さだけを主張し、部下からの評価は最低だったのです。**この実験結果を評して、キプニスは「権力の堕落」と呼んでいます。残念ながら、高い地位にある人ほど傲慢な態度をとりがちなようです。

心理を見抜く
07
恋愛相手とのつり合いが気になる
多くのカップルは、見た目や性格、経済レベルなどで、あまりギャップがないことが多いようです。

男性なら誰でも、美しい女性と付き合いたいと思うのではないでしょうか。また女性の間でも、かつて「高身長・高収入・高学歴」の「3高」な男性を理想とする声が聞かれました。**しかし実際には、自分に見合ったほどほどの相手と付き合ったり結婚したりすることがほとんどです。** これは「マッチング仮説」として説明されています。人間は、自分とつり合う人をパートナーとして選ぶ傾向があるのです。

美女　美男

美女　才能

見た目以外でもつり合えば OK

マッチング、すなわちつり合い現象が起きるのは、まずは見た目が第一ですが、世の中美男美女のカップルと地味カップルばかりではありません。明らかに容姿に差があっても、才能や資産などで相手とつり合うと感じれば、カップルとして成立することも多いのです。

もちろん、見た目がパッとしないのにびっくりするような美女と付き合っている男性がいたり、高身長のイケメンがひどく不似合いな高齢の女性と結婚していたりということもあります。この場合、相手に高い経済力や知性などが備わっていたりすることが多いとされます。**見た目のバランス以外で、お互いがつり合っていると思える相手と結ばれているわけです。**魅力的な人と付き合いたければ、何よりも「自分磨き」が大事ということですね。

マッチングが起きる心理

あの人すごい好みだけど、近づいても冷たくされそう……

あっちの普通の顔の人のほうが安心する!

まずは相手の見た目で判断

異性を恋愛対象として考えたとき、アプローチをするかどうか、まずは見た目で判断します。好みであっても、自分に比べて美しすぎると感じれば、フラれるのではないかと気後れして、アプローチしなくなります。

自己評価で相手を決める

自己評価は、自分の見た目だけでなく、能力や金銭などの所有物も対象です。何かひとつでも相手の美しさに見合うものがあれば、恋愛対象になります。なければ、自分に見合った相手にアプローチをするようになります。

ペンを噛む人は悲観的？

人には様々な癖がありますが、「ペンを噛む」
癖には、ちょっとネガティブな理由があるようです。

イギリスの心理学者クラインの調査によれば、**ペンを噛む癖のある人は、そうでない人に比べて2倍ほども悲観的な傾向がある**そうです。クラインの分析では、手持ち無沙汰なときや考え事をしているときについペンを噛んでしまうような人は、口の中に何かを入れていないと不安になってしまうような、**幼児的な傾向がある**とされています。幼児が指をしゃぶったりするのと同じようなものだというのです。

ペンを噛まない人＝楽観的

ペンを噛む人＝悲観的

何かを噛むと安心する

心理学者クラインの調査は、ペンを噛む癖のある人と、性格調査を結びつけたものでした。人は何かを噛むことで、安心感を得ることができます。ペンを噛む癖のある人は、常に何らかの不安を感じているため、心を落ち着かせようと何かを噛まずにはいられないというわけです。

何かを噛む人は口唇期?

爪を噛む

ガムを噛む

煙草のフィルターを噛み潰す

お菓子を食べ続ける

君たちはまだ口唇期なのかな?

フロイト

one point

口唇期

フロイトは、性的発達段階を5つに分けました。授乳などを通じて口から快感を得る①口唇期に始まり、②肛門期、③エディプス期、④潜伏期、⑤性器期となっています。

乳離れが遅かった?

何かを噛むのは不安をやわらげるためですが、癖になっている人は、フロイトの提唱する口唇期に乳離れが遅く、快楽が固着してしまったと考えられます。ちなみにアメリカのプロ野球選手がよくガムを噛んでいるのは、大事な場面で緊張せずにプレーをするための、プロ意識からです。

ペンを噛むだけでなく、**爪を噛む癖のある人、そしてタバコを吸う人**も、同様に幼児性や不安を表しているといわれます。また、口に何かを入れるだけではなく、いつも洋服の裾などを神経質にいじっているような人も同様な傾向の持ち主とされています。悲観的な傾向が減少するにしたがい、ペンや爪を噛んだりするような癖も見られなくなるとされます。近年は肩身の狭い喫煙者も、健康の害だけでなく幼児性まで指摘されるのでは立つ瀬がないですね。

付き合った人数、本当の数は?

心理を見抜く **09**

付き合った人の数を聞かれたとき、正直に答えますか? 多くの人は正直に答えないようです。

遺伝学者スペクターは、実に 50 カ国・1 万 6000 人という膨大な人数に対する調査を行い、恋愛に関する男女の意識の違いを分析しています。それによれば、**自分の恋愛経験を人に話すとき、男性は実際の 3 倍に、女性は 3 分の 1 にしている**というのです。男性が「モテる」とアピールしたがるのに対して、女性は「遊んでいない」と思われたがるのが、このような結果を生んでいるようです。

付き合った人数を聞かれると嘘をつく

え〜、今まで付き合った人数? ……3 人かな

嘘をつけ! 1 人じゃろ!

スペクター

スペクター先生

私も〜 3 人かな〜

お前さんは 9 人じゃろ?

スペクター

スペクター先生

男性は過大報告する

スペクターによれば、付き合った人数を聞かれると、男性は 3 倍の数を答えたがります。必ず 3 倍ということはなくとも、実際より多い人数を報告する傾向は間違いないようです。

女性は過小報告する

男性とは逆に、女性は 3 分の 1 を答えたがるそう。そこまで極端に少ない数ではなくとも、控えめに答えたがる傾向はあります。

同様に、**男性は生涯で 18 人の女性と付き合うのを理想としているのに対して、女性は 5 人を理想としている……という結果が出ています。** これも、恋愛経験を多く語ったり少なく語ったりするのと同様の心理がはたらいているのでしょう。実際には、世の中の男女の総数にはそれほどの違いはないわけで、当然ながら現実には、実際に付き合ったことのある人数は男女でそう変わりないはずなのですが。さて、あなたは何人と付き合ったことがありますか？

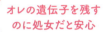

女性が少なく答えたがるのは……

オレの遺伝子を残すのに処女だと安心

あなたが初めてだから心配しないで

処女を求める男性の本能が原因

男性は自分の遺伝子を確実に残すために、処女を求める本能があります。そんな男性の本能に嫌悪感を抱かせないよう、女性は自分をなるべく貞淑に見せたいと感じるのです。

男性が多く答えたがるのは……

みんな僕のハニーだよ〜

優秀な遺伝子を求める女性の本能が原因

女性はなるべく優秀な遺伝子を欲しがる本能があります。優秀さの判定は様々ですが、他の女性が選んだ、というのもひとつの基準です。そのため男性は自分が多くの女性に求められる優秀な遺伝子の持ち主に見せたいと感じるのです。

心理を見抜く **10**

見栄っ張りには法則がある

周囲の人の目をどれだけ意識しているかで、見栄っ張り度がわかります。

人間は誰でも、程度の差はあっても、周囲との関係などを通じて常に自分の立ち位置を確認しようとしています。そして、多くの人はその判断に基づいて自分が適切と思う行動を決定しています。これは心理学者スナイダーによって「セルフ・モニタリング」と呼ばれています。**俗に言う「空気を読む・読まない」というのも、セルフ・モニタリングとそれに伴う行動のあり方を示しているといえるでしょう。**

セルフ・モニタリングの高さで性格に違いが出ます

やっぱBじゃないかと〜

Aですよね！

Bじゃね？

C が正解ですよ！

いやCだろ

不器用ですから……

八方美人＝高モニター

セルフ・モニタリングが高く、周囲の評価が気になり、周りに合わせてしまう人です。

頑固者＝低モニター

セルフ・モニタリングが低く、KYなところがあります。決断力が高ければ、職人気質の頑固者という評価に。

one point

カメレオン人間

セルフ・モニタリングを提唱した心理学者スナイダーは、高モニターの人をカメレオン人間と呼び、彼の著作のタイトル『カメレオン人間の性格─セルフ・モニタリングの心理学』にもしました。また、日本人が典型的なカメレオン人間とされ、周囲に合わせて臨機応変にコミュニケーションを変化させる文化があると評価しました。

パートナーの選び方も特徴あり

高モニター⇒ルックスにこだわる

自分も恋人も、とことん見た目にこだわるのはセルフ・モニタリングが高い証拠。ルックスが良くない相手と付き合うと、一緒に街中を歩くのが恥ずかしく感じてしまいます。

今度あそこのカフェに行こうよ

いつも優しいねありがと

低モニター⇒人柄を重視する

見た目よりも内面を重視しようとする人は、セルフ・モニタリングが低い傾向にあります。

セルフ・モニタリングが高い傾向にある人は、見た目、肩書、近所の目などを気にしがちです。つまり見栄っ張りな傾向が強くなります。 また、「美人だが性格が悪い」女性と、「美人ではないが性格が良い」女性のどちらを選ぶか調査したところ、恋人選びでも身だしなみや他人の評価を気にするので、ルックス重視になり、美人を選びました。**逆にセルフ・モニタリングが低い傾向にある人は、性格が良い人を選びました。他人の評価を気にしないため、性格重視になるのです。**

心理を見抜く

何かを隠している人はノドをさわる？

**無意識でつい取ってしまう行動で、
その人の心理状態を見抜くことができます。**

「しぐさ」は誰でも無意識のうちに行うものであり、その人の心理が正直に出てしまっていることが多いのです。商談などでも、相手の心理状態はしぐさから読み取ることができたりします。**たとえば相手が椅子に浅く腰かけているときは、緊張している証拠です。逆に深く腰かけている場合は相手が安心していることの表れですが、場合によってはこちらを下に見ている可能性もあるとされます。**

不安になったときにとりがちな「なだめ行動」

あの件は私じゃないですよ……

手を隠したり
首のあたりをさわる＝嘘をついている

やましい気持ちからストレスが生じ、少しでも血行を良くして落ち着けようと、のど元など首の周りをさわってしまいます。

あの日
何をしてたの !?

いや、仕事で
ちょっと……

髪をさわったり
額をさわる＝不快を感じている

焦ったり不快を感じているときに、つい額に手が伸びてしまいます。後ろめたさを感じていたり、話題を変えたいと思っている証拠です。

嘘をつくなどのやましい気持ちのある人は、**緊張をやわらげるため、無意識のうちにノドや口元といった「急所」をさわる「なだめ行動」を行ってしまいます。**商談などの相手がやたらと首や口をさわっている場合は、相手が何らかの嘘を隠そうとしていると疑ってかかったほうがいいかもしれません。また、**アゴをさわったりするのも、不用意な発言をしないように慎重になっていることが無意識に表れている**とされています。

瞬きが多くなったり
頬など顔を触る＝緊張している

緊張してドキドキしたりイライラしているのを静めようとしています。他にも、唇や耳たぶ、髪にさわるのも同様の意味を持ちます。

膝をこする＝不安を感じている

不安や緊張を感じていて、あまりしぐさを表に出しづらいときに、机の下で膝をこすって気分を落ち着けようとします。

ひんぱんに水を飲んだり
頬を膨らませて息を吐く
＝強いストレスを感じている

強いストレスを感じたり、緊張の山場が去ったと感じたりしたときに、頬を膨らませてゆっくり息を吐くしぐさをする人がいます。

座ったときの足の組み方でわかる欲求タイプ

心理を見抜く 12

個性が出る足の組み方。実は、その人が持つ欲求のタイプが表れているのです。

あなたなら、どんなときに足を組みますか?……少なくとも、商談などで相手を前にして緊張しているときには、足を組んだりはしないはずです。足を組むのはほとんどの場合、相手に対してリラックスしているときや、相手を下に見ている、あるいは相手に対して自分を大きく見せたいときなどに限られます。**そして足の組み方からも、相手に対する心理的、社会的欲求が見えてきたりします。**

足の組み方で性格がわかる

膝が開いている
=異性愛欲求が強い

足の付根を開いている人は、性に対してオープンな傾向があります。異性愛の強さと関連します。

片方の膝に足首を乗せる
=自己顕示欲が強い

スペースを広くとりがちで、自分を大きく見せようとする心理の表れです。自己顕示欲の強さと関連します。

一般論ですが、**右足を上にして足を組む人は、自分に自信がなく、物事に慎重なタイプ**とされています。逆に、相手のリードに弱いともいえます。逆に、**左足を上にして足を組む人は、自分に自信があって大胆な人が多い**とされています。また、足を頻繁に組み替える人は感情が高ぶっていたり嘘をついていたりする可能性が高いとされていますが、一方で相手に好意を持っていたり誘っている場合にもそのようにすることが多いといわれています。

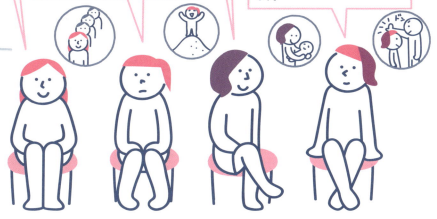

ピッタリ足を揃える人
＝秩序欲求が強い

正しい姿勢を貫くよう教育されており、またその教えを正しいと信じています。秩序欲求の強さと関連します。

ふくらはぎ辺りでクロス
＝養育欲求が強い

何かを受け止めて包み込むような姿勢です。養育欲求の強さが表れているとされます。

膝を付けたハの字型
＝達成欲求が強い

すぐに動き出せる姿勢は、何事にも能動的に取り組める性格の表れです。達成欲求の強さと関連しています。

足首辺りでクロス＝
屈辱・服従欲求が強い

自分を卑下しており、責められたい、支配されたいという欲求が表れています。屈辱・服従欲求と関連しています。

心理を見抜く

13

気になる人の前で女性は食が細くなる

女性って少食の人が多いと思いませんか？
でもそれって、人を選ぶみたいです。

心理学者プリナーとチェイクンが1990年に行った実験は、参加者を無作為に集めて、二人一組のペアで満腹になるまでクラッカーを食べさせるというものでした。女性は、ペアの相手が女性の場合は相手が誰であれほぼ同じ枚数のクラッカーを食べましたが、**相手が男性の場合には食べる枚数に変化が見られ、特に相手の男性が魅力的なときには食べるクラッカーの枚数が極端に少なくなったのです。**

プリナーとチェイクンのクラッカー満腹実験

見知らぬ人と一緒に、お腹いっぱいに
なるまでクラッカーを食べてください

わかりました

魅力的な女性の前では……

12 枚

魅力的でない女性の前では……

14 枚

魅力的な男性の前では……

5 枚

魅力的でない男性の前では……

13 枚

魅力的な男性の
前では少食に

実験参加者が一緒にクラッカーを食べた相手は、魅力的な女性、魅力的でない女性、魅力的な男性、魅力的でない男性の4パターン。明らかに魅力的な男性の前では少食になりました。また男性も同様の実験を行ったところ、魅力的な女性の前で一番たくさん食べる結果となりました。男らしさをアピールする心理がはたらいたと考えられます。

相手に「自分をこのように見てほしい」と思い、そのために自分の印象をコントロールしようとすることを、心理学では「自己呈示」と呼んでいます。「人が見ている前でどれだけクラッカーを食べるか」というのも自己呈示の対象となります。魅力的な男性を前にした女性は、「少食のほうが女らしく見られる」という心理がはたらき、食べるクラッカーの枚数が少なくなったわけです。逆に男性は魅力的な女性の前ではたくさん食べ、男らしさをアピールするようでした。

自己呈示のいろいろ

誰だこんなところにゴミを捨てた奴は

示範＝自分が規範的に価値のある人物と見られたい

何をやっているんだ！

威嚇＝他人を従わせる力があることを示したい

取り入り＝相手に気に入られたい

いや〜さすがです

大変っすね！

いや〜仕事任されすぎて、2時間しか寝てないわ〜

自己宣伝＝相手に尊敬してもらいたい

今月、友人の結婚式が多くて金欠でさちょっとだけお金貸してお願い！

しょうがねえなあ

哀願＝相手に、援助にふさわしい人物であると見られたい

one point

戦略的自己呈示

「他人が自分をどう見るか」をコントロールしようとする行為のことを自己呈示といいますが、心理学者ジョーンズらは自己呈示を5つに分類し、これらを「戦略的自己呈示」もしくは「主張的自己呈示」と呼びました。

心理を見抜く

14

気になる人を見つめてしまう心理

ついつい異性を見つめてしまうのは、すでに一目惚れをしているのかもしれません。

アメリカで 1500 人を対象に電話で行われた調査では、一目惚れは「ある」と答えた人が 60％に達し、さらにそのうちの 60％が実際に一目惚れを経験したと答えています。また、**一目惚れした相手と結婚した夫婦は、離婚率がとても低いということも明らかになりました。** アメリカの離婚率は 50％に達しますが、一目惚れから結婚するに至った夫婦の場合、15％ しか離婚していなかったのです。

一目惚れをしてしまう 3 つの理由

荷物重いでしょ 持つよ

え、意外と優しい ……！ よく見ると カッコイイかも

あれ、すごく安心 できる顔だな……

錯覚で恋に落ちる

顔や体のパーツ、性格の一端など、非常に好みに近い部分があると、全体が好ましいと錯覚して一目惚れをすることがあります。

親近感で恋に落ちる

顔立ちが似ている親近感から、瞬時に恋に落ちることがあります。

この匂い、 なんだか ドキドキする♡

やあこんにちは

くんくん

遺伝子の違いで恋に落ちる

自分と異なる遺伝子を取り入れることで、子孫を強くしようとする生物学的な本能で恋に落ちることがあります。特に女性は、相手の匂いで遺伝子を嗅ぎ分けるという研究データがあります。

男性の一目惚れの時間は?

高学歴ほど
一目惚れの
割合が多い

平均8.2秒

心理学者マナーの実験により、男性は好みの女性に対して長時間見てしまう傾向があり、その平均時間は8.2秒になりました。それだけの時間見つめてしまったら、恋に落ちていると言っていいでしょう。また、男性は高学歴であるほど一目惚れをする割合が増えるというデータもあります。

男女の違いは?

女性の一目惚れは目線だけではわからない

見た目だけで恋に落ちる男性と違い、女性は実際に会って話したり、人柄などを知ってから恋に落ちる傾向があります。また、イケメンすぎる男性に対して恥ずかしくなって見られなくなる、という傾向もあるので、目線だけでは一目惚れかがわからないといえます。

一目惚れで付き合うと長続きする!

アメリカの離婚率　一目惚れ夫婦の離婚率

50%　　15%

離婚率が激減!

アメリカで行われた調査では、一目惚れをした相手と付き合った場合、結婚まで至るのは55%、その後の離婚率はおよそ15%という結果でした。一目惚れは長続きしないという一般的なイメージに反し、平均的な離婚率50%をかなり下回りました。

気になる人をつい見つめてしまう……その時点では相手の内面のことをまったく知らない場合がほとんどですし、実際にお互いをよく知れば「やっぱり違う」ということになりそうなものですが、どうやらそうではなさそうです。**直感による好意は意外なほど長続きするのです。** 一目で恋に落ちて結婚し、離婚することなく生涯にわたって添い遂げるとは素晴らしいことですが、その心理学的なメカニズムについては今後も研究の余地があるのではないでしょうか。

褒めても喜ばれない理由

褒められると誰でも嬉しいもの。でも喜ばない人たちも一定数います。それはナゼなのでしょうか?

自信のない人は、「自己評価」が低い人です。自分のことを高く評価している人は何事にも積極的ですが、自己評価の低い人は消極的で、しかもちょっとしたことで大きなショックを受けたり、後悔しがちとされています。また、**自己評価が高い人が自分を良く評価してくれる人を好む一方で、自己評価の低い人は自分を悪く評価する人を好む傾向があります。**これは「認知的斉合性理論」と呼ばれています。

自己評価とかけ離れていると……

書類にミスがないところはさすがだね!

はあ……

そんなの誰でもできることなのに

むしろそれくらいしか取り柄がない無能だし

つくづくつまらない仕事しかできない人間ね、私……

褒められても嬉しくない

人は自分の認識と他者の認識をなるべく近づけようとする、認知的斉合性を持っています。認識がかけ離れている場合、不安や不快を感じることがあるので、自己評価が低い人には、叱ってあげたりしたほうが喜ぶこともあります。

自己評価が低い人は、褒め言葉を素直に受け取ることができず、かえって自分のことを低く評価して悪く言うような人に対して「この人は自分をわかってくれている」などと思って安心してしまうのです。 自分にこのような傾向があると自覚している人は、物事をプラスに考える努力をすることが重要です。他人から悪く言われたり、さらには罵倒されることで安心してしまうような人は、「洗脳」されてしまう可能性も高いので要注意です。

認知的バランス理論

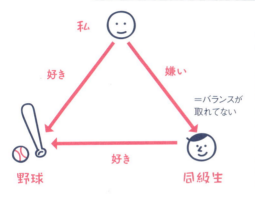

バランスが取れないと許せない

心理学者ハイダーは、自分・他者・対象のそれぞれの関係性をプラスとマイナスで評価したとき、3つを掛け算してプラスになるとバランスが取れるという理論を提唱しました。バランスが取れず、掛け算がマイナスになってしまった場合（図の例では、「私」も「同級生」も「野球」が好きなのに「私」は「同級生」が嫌いという状況）、どれかの評価を変える（同級生が好きな野球を嫌いになるか、野球が好きな同級生を好きになる）ことでバランスを保とうとします。

認知的不協和理論

私はタバコを吸う

健康でいたいが、タバコは健康に悪い

認知に矛盾が発生

でも健康に悪いことは他にもあるし、タバコをやめたからって仕事のストレスは減らないし、やめる必要はないよな

矛盾で生まれた不快をなくそうとする

人は自分の中で関連する2つの認知に矛盾があった場合、不快を感じます。不快を解消するために、新たな認知を増やしたり、自分の行動を変更（この例ですと、禁煙をはじめる）したりします。

悪いことは他人のせい

「良いことは自分のおかげ、悪いことは他人のせい」にしたがる人がいるようです。

何かが起きたときに、その出来事は誰が原因だと考えるでしょうか？　「帰属理論」では、他人や環境など、外部に原因を求めることを「外的帰属」と呼び、自分に求めることを「内的帰属」といいます。**しかしなかには、冷静に原因を分析せず、その出来事が良いことだと自分のおかげ、悪いことだと他人のせい、と考える人がいます。**こういった傾向は「帰属のエラー」と呼ばれています。

行為者・観察者バイアス

クソッ　ガム踏んじゃった

ムカッ

自分が不注意なのにすぐ怒るんだから！見ているこっちもイライラしちゃう

根本的帰属の過誤

貧乏なんて、なんの努力もしなかった結果だよな

そうですね

他人は自業自得、自分は周りのせい

この場合、男性がガムを踏んだのは道にガムを捨てた人の責任もありますが、そのことを女性は考慮できません。また、自分がイライラしている責任を過度に他人の責任にしてしまっています。

個人のせいにしすぎてしまう

この場合、ある人が貧乏であるのは、家庭の事情や周囲の環境にも一定の原因があるかもしれません。しかしそのことを考慮せず、個人の責任のみにしてしまっています。この傾向は、自分自身に対しても向けられる帰属のエラーです。

「帰属のエラー」には多くのパターンがあります。まず、よくあるのが、**他人の行為はその人の責任で、自分の行為は環境のせい、などとする「行為者・観察者バイアス」**です。また、**他人からの圧力があったとしても、あらゆる出来事を個人のせいにしてしまうのは「根本的帰属の過誤」**といいます。ほかにも、**自分に都合の良いことは自分のおかげ、悪いことは他人のせいとする「セルフ・サービング・バイアス」**などがあります。

成功は自分のおかげ、失敗は他人のせい

都合の良いことは自分が原因と考え、悪いことは他人が原因と考えてしまいます。とにかく、自分に都合の良い物の見方をします。

偶然もコントロールできると思ってしまう

宝くじはどこで買っても、誰が買っても当たる確率は同じですが、当せんくじを出した店舗で買ったり、自分で買うことで当たるような気がしてしまったりするのは、コントロール幻想があるからです。スポーツの試合の勝ち負けや、「雨男」「雨女」といった天候を自分に帰属させてしまうジンクスもこの心理作用によります。

実際以上の責任を見つけようとする

よく、痴漢されるような格好をするから痴漢される、といったふうに、被害者にも落ち度があったと考える人がいます。また、手術が失敗したのは医療ミスがあったからでは、と考えたり、災害の被害が大きかったのは政治家の対応が悪かったから、などと実際以上に責任をとらせようとしたりする人がいるのは、この心理作用のためです。

心理を見抜く
17

すぐ人のせいにしたくなる

心理的な作用も関係する「うつ」。
最近は、「非定型」のうつが増えているようです。

うつ病はよく「心の風邪」などともいわれますが、場合によっては自殺に結びついてしまったりもする深刻な病気です。その中でも、近年注目されている「新型うつ」と呼ばれるものがあります。ただし新型うつというのは新聞などのメディアを中心に使われるようになった言葉で、心理学用語ではありません。**いわゆる新型うつは、心理学の分野では「非定型うつ」などと呼ばれています。**

うつ病と新型うつ（非定型うつ）病の違い

なりやすい人

うつ ・・・▶

・生真面目
・几帳面
・中年男性に多い

症状

・やる気や興味がわかない
・自責の念が強い
・一日中ボーっとしている

新型うつ ・・・▶

・おとなしい
・他人の目を気にする
・女性に多い

イヤー

・好きなことには積極的
・嫌なことには集中できずイライラする
・他人や環境のせいにしたがる

うつ病は、何事にもやる気が起きないのが大きな特徴なのですが、**新型うつはそれとは違い、出勤など「本人が嫌なこと」をするときには症状が出ますが、それを離れて「本人が好きなこと」をするときには元気になるのです。** 問題があるとすぐに他人のせいにしてしまうのも特徴のひとつで、そのため周囲からは単にわがままだとか怠けているととらえられがちなのですが、周囲には理解されにくいつらさを抱えるやっかいな病気なのです。

欲求

その他

ごちそうさま

おきれない...

・少食になる
・性欲も減少する

・寝起きがもっとも憂鬱
・倦怠感（けんたい）が強い
・セロトニンなどの異常によって起こる
・明らかにおかしくなるので周囲も病気とわかる

・過食になりやすい
・性欲も高まりやすい
・甘いものを食べたがる

・夕方以降に憂鬱感が高まる
・過労感が強い
・症状の原因が不明で薬物治療が難しい
・病気と気づかれにくく、甘えやわがままと思われる

新型うつの治療法は確立していない

研究が進んで抗うつ薬なども開発されているうつ病と違い、新型うつは治療法が確立していません。抗うつ薬も効果がない場合が多く、食事療法や生活改善などで対処するしかありません。

理屈っぽい人の心理

心理を見抜く
18

自分の感情や欲求に真正面から向かい合うのを避けてしまう心理、いろいろパターンがあります。

自分の欲求が満たされないとき、人間は無意識のうちにどうにかしてそのストレスを解消しようとします。このような心理作用を「防衛機制」と呼びます。 防衛機制は自分の欲求が満たされない不快感から自分を守ろうとする心の機能で、イソップ寓話に登場するキツネ（高いところにあるぶどうをとることができず、「あれは酸っぱいに違いない」と思い込もうとする）はその一例として有名です。

防衛機制のいろいろ

彼が浮気？
気のせいよ……

否認

不快な気持ちや考えを、意識しないように忘れようとします。

浮気なんてあったっけ？

抑圧

否認よりも強く、無意識に押し込んで思い出せなくなってしまいます。

タンパク質や炭水化物は人間がもっとも好む栄養素だから食べてしまっても仕方ない

知性化

感情や欲求を直に受け止めないよう、専門用語や論理によって観念化し、情緒と切り離します。

one point
アンナ・フロイト

防衛機制の提唱者は、ジグムント・フロイトの娘であるアンナ・フロイトです。父のヒステリーに関する研究をもとに、児童の精神分析を研究している中で整理して体系化しました。

死んでやる！

行動化

抑圧された衝動や葛藤などを、問題行動をとることで解消しようとします。自傷行為や自殺、暴言、アルコール依存症などがあります。

あれ？　しゃべれない……

転換

抑圧された衝動や葛藤などが、感覚喪失などの症状で表れます。失語症や麻痺、視野狭窄などがあります。

あのゲーム欲しいけど
お金ない……

買ってもきっとすぐ
飽きるからやめよ

合理化

満たされなかった欲求に対して、論理的に理屈をつけて自分を納得させようとします。イソップ寓話の「すっぱいぶどう」のエピソードが例として有名です。

防衛機制は、いろいろな形で表れます。そのひとつに「理屈っぽい」というのがあります。**専門用語などを多用して、簡単そうなことをやたらと難しく語ろうとするのも防衛機制の一種で、「知性化」と呼ばれます。**そのような人は、自分の感情や欲求などに真正面から向かい合うのを無意識のうちに避け、知性の世界に逃げることで自分を守ろうとしているのです。自分の知識や能力を周囲にアピールしたいという気持ちの表れでもあります。

少女を好きになってしまう人の特徴

美少女のアイドルやキャラに夢中になってしまう人には、一定の特徴があるのです。

いわゆる「ロリコン」（ロリータ・コンプレックス）というと「変態」「病気」といった印象を抱いてしまう人も多いかもしれません。しかし、ロリコンは病気ではありません。**精神的な病気である「ペドフィリア」（小児性愛）は成人が12歳未満の子どもとセックスをしたいと考えることであり、ペドフィリアは「成人男性が未成年の女性を恋愛の対象として見る」ロリコンとは分けて考えられています。**

ロリコンは病気？

ロリコンと、精神医学で病気と定義されるペドフィリアは、似て非なるものです

ロリコン ≠ ペドフィリア（小児性愛）

ロリータ・コンプレックスの略で、小説『ロリータ』が元ネタ。男性が年の離れた少女に恋愛感情や性欲を抱くことを意味しますが、それ以上の定義はなく曖昧です。

ペドフィリアについて、アメリカ精神医学会は「12歳未満の少女に6カ月以上にわたって性的に興奮する空想、衝動、行動が反復する」など細かく定義しています。

必ずしも病気ではない

一般的な意味合いですと、ロリコン＝病気であるとは言い切れません。ただし、それはアメリカの精神医学会の基準に従っての話ですので、アメリカと日本では年齢と成熟度に違いはあるでしょうから、一概にアメリカの基準が正しいともいえません。また、病気ではなくても法律に抵触することはありますので、どちらにせよ社会的に胸を張れるような嗜好ではありません。

ただ、**ロリコンになりやすい男性には特定の心理的傾向があるとされます。**①「子どもの頃に戻りたい」という「退行」②成熟した女性に対する恐れや気後れ③失われていく自分の若さを少女によって補完したいという願望④自分が大人になることに対する拒絶⑤自身の性的な能力や魅力が失われていくことへの「不安」……このように、ロリコンになりやすい男性は不安定な心を抱えている場合が多いといわれています。

ロリコン男性の特徴は？

ロリコンの傾向がある男性には
このような特徴があります

①退行	幼かった頃に戻りたいという願望から、言動が幼稚なものになります。	じゃあ証拠見せろよ！ 
②大人の女性に対する恐れ	成熟した女性に恐れや気後れを抱いているため、安心できる少女に興味を抱きます。	僕の味方はキミだけ……
③若さへの願望	純粋な精神や若々しい肉体への強い願望があります。	心がキレイだね 
④大人になる自分への拒絶	大人は汚いものと決めつけ、自分がそうなることを嫌がるために、子どもに共感します。	大人なんか汚い！
⑤老化への不安	男性としての魅力が衰えていくことに不安を感じ、若い女性に性的アピールをしたくなります。	まだ女子高生にモテたい！

若い女性を好むこと自体は一般的

生殖本能があるため、男性が、生命力が強い若い女性を好むのは一般的です。しかし、若さへの願望や老いへの不安が強すぎると、若すぎる女性を性的な対象にしてしまうことがあります。そのような傾向がある人は、自分の性嗜好を見直してみたほうがいいでしょう。

好きな色で性格がわかる

服や小物でついつい選んだ好きな色。
その色で性格が見えてくるのです。

誰でも、持っている服やよく着る服の色にはある程度決まった傾向があるのではないでしょうか。大抵の場合、自分が好きな色の服をよく着ると思われますが、**好きな色にはその人の性格が表れるといわれます。**人間は色の持つイメージから自分の性格に合う特定の色を好きになったりしていると考えられています。たとえば赤は情熱を、青は落ち着きを、緑は調和を表すとされます。

この後、カラオケ行かない？

よーし、キャッチボールやろうか！

オレンジは温かみ、高揚感、社交性を象徴

オレンジは太陽や炎のような温かい高揚感を表します。この色を好む人は陽気で社交的ですが、そのため孤独を嫌いさみしがりやの一面もあります。親しみのある色なので、飲食店などで配色されることが多いです。

相手への印象もあやつれる

色の持つイメージは、自分の性格を反映するだけでなく、意図的に相手への自分の印象をあやつることもできます。たとえば、トランプ大統領は演説のときは赤いネクタイを身につけますが、これは情熱的でリーダーシップのある人物を演出したいためです。また、謝罪をするときは、穏やかで上品なグレーのスーツを選ぶことで、相手が興奮しすぎないようにすることができます。

赤は活力・情熱・興奮を象徴

赤は強いエネルギーを象徴する色です。やる気が充実している人や、自分をアピールしたい人が好んで身につけ、リーダーシップを演出したい人がネクタイなどで取り入れたがります。また非常に目立つ色なので、危険を意味する信号や看板でも使われます。

黒は孤立、反骨精神、権威を象徴

潜在的には負のイメージがありますが、重厚感や高級感があるため、権威や権力を象徴します。他の色を引き立てる効果があるためファッションに取り入れやすいですが、特に黒を好む人には、反骨精神や自信過剰、独立心が強いといった傾向があります。

青は冷静、集中力、爽やかさを象徴

水、海、空といった爽やかな自然を連想させるので、世界的にも好きな人が多い色です。心身を落ち着ける効果があるので、集中力を高めたいときや、高ぶった感情を落ち着かせたいときには効果的です。

灰色は穏やかさ、協調性、柔軟性を象徴

落ち着いた色合いの灰色は、控えめで上品、物腰のやわらかさを表します。協調性や柔軟性を象徴する一方で、この色を好む人には、優柔不断さや、争いを好まない防御本能の強さといった特徴があります。

緑は調和、安定感、努力を象徴

暖色でも寒色でもない中間色の緑には、心身のバランスを整えるリラックス効果があります。この色を好きな人は、平和主義でバランス感覚に優れ、コツコツと努力する反面、保守的でマイペースといった特徴も持ち合わせます。

逆に、色がそれを見る人に与えるイメージをうまく活用することで、心理をコントロールできる場合も多いのです。 たとえば病院では、白衣をはじめとして白が多用されていますが、これは白という色を用いることで清潔感を印象付けるためといわれます。一方で喪服が黒いのは、黒という色で厳粛さを演出するためでもあると考えられるのです。女性の服にピンクが多いのも、女性的なイメージにふさわしいと感じられるからなのでしょう。

目の動きで考えていることがわかる

考えごとをしているときのあなたの目線で、思考が読まれているかもしれません。

「目は口ほどにものを言う」などといわれるように、**人間の目の動きには心の動きが大きく反映します。**興味があるものを見たりそれについて話したりする人の瞳はキラキラと輝いて見えます。それは瞳孔が開くからです。一方「目が泳ぐ」など視線の定まらない状態は、強い緊張や不安を表しています。逆に、親しくもないのにじっと見つめてくるような人は、相手をコントロールしたがっているとされています。

脳と連動した目の動き＝アイ・アクセシング・キュー

上に動く

脳が視覚にアクセスしています。何かをイメージしたり、過去の記憶を呼び起こしたりしている状態です。

左右（水平）に動く

脳が聴覚にアクセスしています。何かを注意深く聞こうとしたり、音のイメージを呼び起こしたりしています。

下に動く

脳が身体感覚にアクセスしています。身体の違和感を感じようとしたり、過去に体験した感覚を呼び起こしたりしています。

視線の向きにも意味があり、**右上を向いているときには新しいことを考え、左上を向いているときには過去を思い出していることが多いとされます。**たとえば「昨日何していたの?」と尋ねられた人の視線が右上を向いていたら、嘘をついたり作り話をしているのかもしれません。また、笑うときには口が動いた後に目が動くのが普通とされていて、口が動くのと同じときに目が動くのは作り笑いの可能性があるといわれています。

上下左右6パターンでわかる頭の中

右上を見ている

未来のイメージを想起しています。また、物事を論理的に考える人も右上に動くので、このタイプの人は理系に多いようです。

左上を見ている

過去の記憶や体験を呼び起こすとき、左上に動きます。また、物事を直感的に考える人も左上に動くので、このタイプの人は芸術家タイプといえます。

右横を見ている

聞いたことのない音に対してイメージをふくらませようとしています。

左横を見ている

会話の記憶を音やイントネーションから思い出そうとしています。

右下を見ている

身体の変化や感覚に意識を向けています。感情や体験を思い出しているときは、右下を見てしまいます。

左下を見ている

頭の中で自分自身と対話をしていたり、ブツブツ独り言を言ったりしているときは、左下を見てしまいます。

浮気する人の特徴

「男性の大半は浮気をする」といわれますが、
しやすい人を見抜くことはできるのでしょうか?

アメリカで行われた調査によれば、浮気をしやすい人は多くの場合3つのパターン
に当てはまるとされています。①ナルシスト②誠実さや良心が薄い人③衝動的な性
格の人……の3種類がそれです。**ナルシストは自己愛が強すぎてパートナーの気持
ちをまったく考えずに行動するので、最も浮気しやすいようです**が、どのタイプもパー
トナー以外の異性にときめくと、すぐに行動に移してしまう人たちといえます。

浮気しやすい人

ナルシスト

自分に絶対の自信を持っている人は、す
べてを自分中心に考えるため、罪悪感もな
く浮気をしてしまいます。また、女性はナル
シストの男性を好む傾向があります。

だから昨日は仕事で
遅かったんだって

誠実さや良心が薄い人

よく嘘をつき、迷惑行為をしても何とも思わ
ないような人は、当然ながら浮気をするこ
とに良心の呵責がありません。

欲しかったゲーム!
今月厳しいけど
買っちゃお

衝動的な性格の人

誘惑にガマンができず、衝動的に行動して
しまう人は、理性で抑えることができず、チ
ャンスがあれば浮気をしてしまいます。

浮気をされやすい人

情緒不安定な人

すぐに怒ったり、突然泣き出してしまったり、情緒が不安定な人はパートナーを疲れさせてしまいます。癒やしを求めて、パートナーは浮気するようになるでしょう。

ボーッとした性格の人

パートナーを疑わない人は、怪しい行動や証拠を目撃しても危機感を感じないでしょう。気がつくと浮気をされている、なんてことも。

パートナーに寛容すぎる人

パートナーの望むことならなんでも許してしまう人は、パートナーを甘やかしています。何をしても許されるとしたら、浮気もしてしまうかもしれません。

一方で、浮気をされやすい人についての調査結果もあります。それによると、やはり3つのパターンがあり、①情緒不安定な人②ボーッとした性格の人③パートナーに寛容すぎる人……とされています。情緒不安定な人は喜怒哀楽が激しすぎる傾向があるので、パートナーは一緒に過ごしていても安らぎを得られず、浮気に走ってしまうことが多いようです。これら3タイプに自覚のある人は、パートナーとの接し方を考え直したほうが良いでしょう。

名前で呼び合うカップルは長続きする?

心理を見抜く 23

**パートナーの呼び方には、
そのカップルの関係性が表れるものです。**

あなたに今恋人がいるとしたら、相手からどのように呼ばれているでしょうか。呼び捨てでしょうか、あるいは「ちゃん」づけ、それともニックネームでしょうか。なかには直接名前を呼ばずに「おい」とか「ねえ」だとかの呼びかけしか合わないようなカップルもいるでしょう。**アメリカの心理学者キングが行った調査によれば、お互いの名前を呼び合わないカップルは長続きしないとされています。**

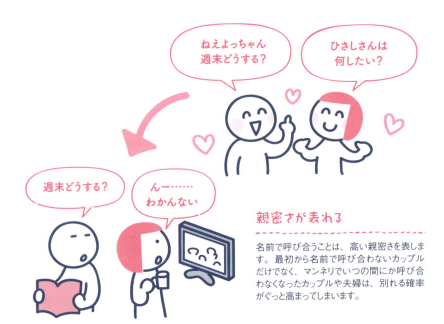

名前で呼ばなくなったカップルは……

ねえよっちゃん
週末どうする?

ひさしさんは
何したい?

週末どうする?

んー……
わかんない

親密さが表れる

名前で呼び合うことは、高い親密さを表します。最初から名前で呼び合わないカップルだけでなく、マンネリでいつの間にか呼び合わなくなったカップルや夫婦は、別れる確率がぐっと高まってしまいます。

キングは 55 組のカップルを対象に調査を行いました。それによると、**お互いの名前を呼び合わないカップルのうちの 86％が、調査から 5 カ月以内に別れていることが明らかになっています。** 相手の名前を呼ぶというのは、相手に対する親しみや愛情を表現する重要な手段なのです。たとえば彼氏が「なあ、お前さあ」といった呼びかけばかりをするようになったら、それは二人の関係を続ける上で黄信号だと思ったほうが良さそうです。

ビジネスでも重要

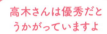

高木さんは優秀だとうかがっていますよ

私のことを知っていただいているなんて恐縮です

one point
ネームコーリング

人は自分の名前に対して、無意識に好感を持っています。相手の名前を繰り返し呼ぶことで、その名前について好感を持っていると伝えることができ、また相手の好感度や親近感も上げることができます。

他人にも効果的
- - - - - - - - - - - - - - -
恋人や家族でなく赤の他人であっても、名前で呼ぶと親密さが高まります。相手は自分のことを認めてもらえたという気分になり、好感度が上がります。この心理テクニックをネームコーリングといいます。

名前に入った文字や誕生日の数字を好きになる

たまにドーナツを食べたくなるんだよね

名前
なつみ

数字だと 3 が好きなんだ

誕生日が
3 月 23 日

one point
ネームレター効果

無意識に自分の名前に好感を持っているため、名前に含まれる文字にも好感を持っています。商品を選ぶとき、その文字が入った商品名により好感を抱く傾向があります。誕生日の数字にも同じ効果があります。

人と話すのに適切な距離とは?

心理を見抜く 24

人との距離感が気になりませんか? それは相手との関係性によって変わってくるのです。

満員電車で見知らぬ他人と密着すると、誰でも不快になり、ストレスを感じます。空いている電車の中であれば、他の乗客と離れて座れるような席を探そうとするのではないでしょうか。**人間には、他人に立ち入られると不快に感じる距離があります。これは「パーソナルスペース」と呼ばれています。**満員電車や雑踏の中でストレスを感じるのは、パーソナルスペースが侵されるからなのです。

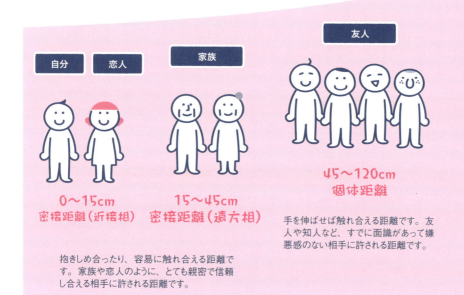

自分 **恋人**

0〜15cm
密接距離(近接相)

抱きしめ合ったり、容易に触れ合える距離です。家族や恋人のように、とても親密で信頼し合える相手に許される距離です。

家族

15〜45cm
密接距離(遠方相)

友人

45〜120cm
個体距離

手を伸ばせば触れ合える距離です。友人や知人など、すでに面識があって嫌悪感のない相手に許される距離です。

初対面

1.2〜3.5m
社会距離

触れ合うのは難しいですが、会話には問題の
ない距離です。初対面の相手との商談のよう
な、社会で必要な距離感です。

観客

3.5〜7m
公的距離

講演者と観客のような、顔が見渡せる程度の
距離です。また面接でもこの程度の距離をと
る場合があります。

パーソナルスペースが近すぎる人への対処法

相手に近づきたい一心で、あえてパーソナルスペース
に踏み込んでくる人がいます。そういう人には、
さりげなく距離を取って不快であることを伝えましょ
う。また、パーソナルスペースが極端に狭く、無
自覚に距離が近い人には、オーバーリアクション
で嫌悪感を示したりして、はっきりと嫌であること
を伝えるべきでしょう。

パーソナルスペースは相手との関係により許容できる距離が異なります。 また、個
人差がとても大きく、相手によっても相当に違ってきます。**内向的な人ほどパーソナ
ルスペースを広く取りたがる傾向があり、またパーソナルスペースを確保できないと
きには女性に比べて男性のほうがより多くのストレスを感じるとされています。** 恋人
と密着するのは自然なことですが、見ず知らずの人と体臭や息遣いがわかるほど
近づくのは誰にとっても不快以外の何ものでもないでしょう。

身長の高さは印象で変わる?

心理を見抜く
25

実際の身長を聞いて、イメージと違ったことはありませんか?

オーストラリアの心理学者ウィルソンが行った実験は、大学での講義にゲストを招く際に、同じ人物の肩書きを変えて学生たちに紹介するというものでした。そのゲストを「ケンブリッジ大学の学生」と紹介すると、人物の評価が低いだけでなく、身長も実際より低く推測されました。**ところが同じ人物を「ケンブリッジ大学の教授」と紹介したときには、人物としての評価も身長の推測も高くなったのです。**

肩書きで身長の印象が変わる

権威と身長の関係

社長や教授など権威のある肩書きは、その人に優秀な印象を与えるだけでなく、見た目の印象も変えてしまいます。カッコよさなどの客観的な評価や身長などが、実際の数字よりも、一段上に見えてしまうのです。

この実験により、**肩書きが高いほどその人の能力も身長も実際より高く見えてしまうということが明らかになりました。** 名刺などに自分の肩書きや経歴を書いておくことで、初対面の相手に有利なアピールができるというわけです。たとえば実態のよくわからないような肩書きでも、何か「偉そう」「凄そう」に見えるような印象を与えられれば、相手にはあなたの能力ばかりか身長まで高く見積もってもらえるということなのです。

逆もまた然り、高身長は出世する

アメリカや日本で行われた身長と年収に関するいくつかの調査では、身長が高いほど、年収が高くなる傾向がわかりました。その格差は、1cmごとに1.5%にもなるそうです。また、同じような経歴・スキルを持った人を採用する際に、ほとんどの人事担当者が、身長が高いほうを選ぶという実験結果もあります。

大統領も高身長が選ばれる

身長の高さが出世上重要なことは、アメリカ大統領を見ると明白かもしれません。アメリカの大統領選挙では、身長が高いほうが勝つ確率は実に74%。しかも、アメリカの成人男性の平均身長より低い大統領候補は、100年以上前のマッキンリー以来当選していません。

背筋を伸ばせば評価が高まる

自分を大きく見せる

姿勢が美しい人は他人の評価が高いものですが、背筋を伸ばすことで身長が高く見えるようになることも関係しています。わずか数センチの差ですが、評価がその分高まるのです。

好きな人のほうに体が傾いてしまう理由

好きな人や気になる人と話をするとき、無意識にそちらに体を向けてしまうようです。

相手に興味がある場合とない場合では、相手の話を聞くときの姿勢にも自然と違いが出てきます。興味のある相手であれば、身を乗り出して聞きたくなるのではないでしょうか。逆に興味や関心のない相手の話は、誰でも聞き流そうとするはずです。このように、**好きな人や興味のある人に対して、視線や体の方向が自然と向いてしまう現象を、心理学では「ブックエンド効果」と呼んでいます。**

姿勢でわかる相手の心理

テーブルを挟んだ真正面は NG

飲み会などで、気になる異性の真正面に座ることはおすすめできません。真正面は警戒心が高まり、またテーブルを挟んで距離も遠くなるので、親密になるのは難しいといえます。横から見るとブックエンド効果に見えますが、真逆の効果といえます。

お腹すいちゃったから
ご飯がいいな

女性の肩

女性は好きな男性の前では姿勢をよく見せようと、平行になる傾向があります。苦手な相手だと少しでも遠ざかろうと肩が上がります。

ブックエンド効果が見られなくても、つま先で好意がわかります。つま先がこちらを向いていれば、興味や好意を持っていますが、向いていなければ関心がないか、退屈している証拠です。

**このあとどこに
行こうか？**

男性の肩

好きな女性の前では、肩が下がります。苦手な相手の前では、隙を見せまいと身構えて平行になります。

ブックエンド効果

ブックエンドとは本立てのこと。その形にちなんで、恋人が向かい合っている様子をこう呼びます。相手に好意を持っていると、自然とこの姿勢になります。特に男性によく見られる姿勢です。

男性は好きな女性には体ごと向くので、当然つま先も相手を向きます。

会話の相手があなたの顔を見て、目線を外さずに話しているとしたら、相手があなたに好意や興味を持っている証拠といえます。**隣り合って座った状態で相手の頭や肩があなたのほうに傾いているとしたら、相手はあなたにかなり好意を持っていると解釈して間違いないでしょう。** 逆に相手があなたとあまり目を合わせようとしなかったり、離れて座る状態をキープしたりしていたとしたら、「脈なし」と思ったほうが良さそうです。

会った瞬間眉間がピクッと動いた

眉間が動くのは嫌悪感を抱いている反応。
人は好き嫌いで顔の反応が変わります。

アメリカの心理学者カシオッポは、「好き」「嫌い」については本人がそれを自覚する以前に脳が瞬間的に反応しているのだ、と提唱しています。カシオッポが EEG という特殊な脳波計を用いて行った実験によれば、**脳の「角回」という部位が自己認識やイメージを司っており、相手の姿を見ると瞬時に反応し、過去のデータをもとに「好き」「嫌い」を即座に判断しているというのです。**

カシオッポの実験

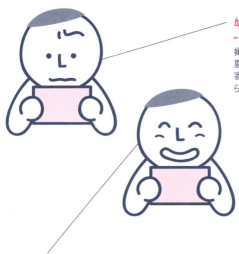

嫌いな写真を見ると眉間がピクリ

嫌いなものや不快なものを見ると、眉間にある皺眉筋が変化します。あなたに会った瞬間、シワが寄るほどでなくとも眉間のあたりが一瞬ピクリとしたら、相手はあなたのことを嫌っているかもしれません。

好きな写真を見ると頬がゆるむ

好きなものを見たり心地よい気持ちになったりすると、頬骨筋に変化が起きて、いわゆる嬉しそうな表情になります。どんなに無表情を装っても、無意識に筋肉の変化が起きてしまうため、感情を隠し通すのは難しいでしょう。

one point
エクマンの基本的表情

心理学者ポール・エクマンは、人類が普遍的なコミュニケーション手段としてどんな民族でも通用する、感情と一致する表情の調査をしました。そこで、「怒り」「嫌悪」「恐れ」「幸福感」「悲しみ」「驚き」の6つが、普遍的な表情であることがわかりました。

カシオッポの実験によると、**人間は好きなものを見ると「頬骨筋」（きょうこつ）が動いて嬉しそうな表情になり、嫌いなものを見ると「皺眉筋」（すうびきん）が動いて不機嫌そうな表情になるとされています。**角回は相手を見た瞬間に反応し、無意識のうちに表情を形作らせるといいます。相手があなたに会った瞬間に眉をピクッと動かしたとしたら、残念ながらあなたはその相手に好かれていないと考えても間違いないでしょう。逆に頬が緩んだら、好意があると考えていいでしょう。

まばたきが多いと緊張している

普通は1分間に6〜8回

人は普通の状態でいるときは、およそ10秒に一回まばたきをしますが、ストレスが強くかかっている状態ですと、慌ただしくまばたきをするようになります。

作り笑いの見抜き方

ヒク
ヒク

表情が消える瞬間に注目

心理学者エクマンによれば、表情には「開始時間」「持続時間」「消滅時間」の3つのタイミングあるとされます。表情を意識的に作ろうとする場合、これらのタイミングをいかに自然に見せられるかが重要ですが、特に「消滅時間」が難しいとされます。笑顔だったのが急に真顔に戻ったり、逆に張り付いたように笑顔のままだったりした場合、作り笑いの可能性が高いです。

早口でたくさんしゃべる心理

心理を見抜く 28

つい早口になってしまった経験はありませんか？
いつもと違う早口には、不安が関係しています。

抱えている不安に落差がある人と、より強く不安を抱えている人のほうが言葉数が多くなることがわかっています。 たとえば相手に対して隠しごとや後ろめたいことがあると、やたら多弁になってしまう人がいます。これを「不安のディスクレパンシー＝活性化モデル」と呼びます。同じレベルの不安を持った人同士より、落差のある二人のほうが、会話自体が活発になるのです。

不安の不一致が会話を活性化させる

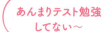

あんまりテスト勉強してない〜

苦手教科だから自信ないよ〜

会話は少ない

お互い不安が強かったり、逆に自信がある者同士だと、どちらも積極的に情報交換しようとしなくなるので、会話は少なくなります。

不安の不一致が会話を活性化させる

勉強した？

まあ人並みに

どんな問題出そうかな？

範囲決まってるじゃん

赤点取ったらどうしよ〜

心配してもしょうがないよ

会話は多くなる

不安に差がある場合、不安が強い人から積極的な情報交換が求められるので、会話が活性化します。これを不安のディスクレパンシー＝活性化モデルといいます。

不安を煽ってマーケティングに利用

間もなく起こる
未曾有の金融危機！

あなたの資産を
守る方法を
お教えします

相手の不安を煽（あお）ることで、情報交換の動機を増進させ、問い合わせを増やす手法は、マーケティングでは常套（じょうとう）手段です。

恋人とのケンカでは相手の不安に同調する

なんでもっと連絡
くれないのよ!?

ごめん、オレも寂し
かったんだけど
忙しくて……

……

カップルのケンカで一番良くないのは、相手を突き放したように冷静に対応してしまうことです。ますます相手は不満を口に出してしまうでしょう。相手の不安に同調して共感することで、口調を穏やかにすることができます。

つまり、早口でたくさんしゃべる人は、何か大きな不安を抱えていたり、場合によっては何かを隠していたり嘘をついていることもあると考えるべきでしょう。もしくは、相手の不安を煽ることで、問い合わせを増やすビジネステクニックもあります。一方で、声とイメージについて研究した心理学者アディントンは、早口はその人が生き生きしているという、活発さの表れでもあると主張しています。またアディントンの研究では、外向的な人もやはり早口になりやすいとされています。

一人称を多用する男性

心理を見抜く
29

飲み会などでよく「オレって」「オレは」と話しはじめる人、実はあなたに好意を寄せているかも。

昨今は「草食系男子」が多いとされ、自分からぐいぐいアピールする男性は減ってきているといわれますが、そんなシャイな男性たちの「脈あり」サインはどこにあるのでしょうか。アメリカで発表された心理学の論文によると、**男性は一般的に、好きな相手に対しては一人称を多用する傾向があるとされています。**「オレは……」などの一人称を多く用いることで、自分の存在をアピールしているというのです。

一人称を多用する男性は好意的

> 今度オレと一緒にフェスに行かない？

> いいね〜

自分をアピールしたい

男性は好意を抱く女性に対し、自分の存在をアピールしようと一人称を多用するようになります。

一人称を使わない男性は興味ナシ

> 今度フェスに行かない？

> 行こう！

自分をアピールする必要がない

あまり一人称を使わない男性は、自分をアピールしたいと思っていません。恥ずかしがり屋な場合もありますが、相手にそれほど興味がない場合が多いようです。

あなたが**女性だとしたら、男性があなたに対して「俺は」「僕は」などと一人称を多用して話しているときは、相手があなたに自分のことを積極的にアピールしているのだと思ったほうが良いようです。** そして、それに加えて身ぶりや手の動きなども大きくなっている場合は、あなたに対してかなりの好意を持っていると考えて間違いないでしょう。また、男性があなたの名前を頻繁に呼ぶ場合も同様です（116 ページ参照）。

自分の名前を一人称にしている女性は？

リサはこっちが
好き！

幼さの表れ

まれに自分の名前を一人称にしている女性がいます。子どものときの習慣が大人になっても抜けないのが原因ですが、それは幼さの表れであり、人生に対する根深い甘えが見え隠れします。

一人称を複数形にする男性は？

ええ〜

オレたち
抜け出さない？

ナルシスト傾向あり

まだ付き合っていないのに、一人称を複数形で使ってくる男性は、相手の事情をあまり気にしないナルシストの傾向があります。そういうタイプが苦手な人は、距離をとったほうが無難でしょう。

2

精神科医と臨床心理士の違いは？

　心の病気を扱う専門家として、精神科医と臨床心理士がよく知られています。この2つ、似ているようで、実はまったく違う専門家なのです。

　一番大きく違うのは、仕事内容です。精神科医はうつ病などの心の病気に対して、投薬などの治療を行います。これに対して臨床心理士は、カウンセリングによってクライエント自身で回復する手助けを行います。いわゆる心理カウンセラーは、臨床心理士を指すのです。

　また、職業に就くための資格も、精神科医は治療を行うために医師免許が必要となりますが、臨床心理士は臨床心理士資格取得審査に合格すると取得できる民間資格になります。今後、公認心理師という国家資格も誕生しますが、基本的な役割は臨床心理士と同じになります。

人の心を
動かす

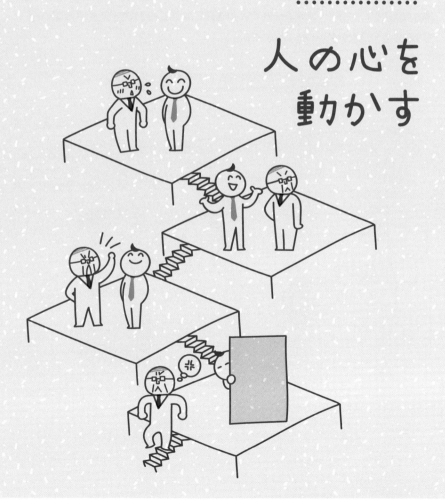

占いを信じる心理

心を動かす **01**

星座占いや誕生日占いなどを「当たってる!」と思うのには、実はカラクリがあるんです。

占いや性格判断などで、「あなたは○○だけれども××なところもある」などという説明を目にしたことのある人は多いでしょう。そして、実際にそれが「当たっている」と感じたことのある人も多いのではないでしょうか。たとえば **「あなたは周りの人と楽しく過ごすのが好きですが、一方で孤独を好む部分もあります」** という言葉に **「うんうん」** と思う人も多いかもしれません。

誰にでも当てはまる要点がある

占いで使われるバーナム効果

星座占いや血液型診断では、誰にでも当てはまるような曖昧な要点を言い当てるように述べることで、相手に「当たっている」と思わせる、バーナム効果のテクニックがよく使われています。

バーナム効果をビジネスで応用

人材の定着率アップに
取り組んでいるのに、なかなか
効果がないとお困りでは
ありませんか?

まさにそうなん
ですよ!

どこの会社でも
困っていることを指摘する

ほとんどの会社では、共通して抱えている問題があります。こうした問題を初対面で指摘すれば、「その分野に詳しい人」という印象を与え、信頼度がアップします。コンサルティングなどで特に有用です。

バーナム効果を恋愛で活用

周囲に気を使っちゃう
タイプでしょ?

ええ〜どうして
わかるの?

誰にでも当てはまる
褒め言葉を使う

異性を褒めるとき、見た目を褒めようとすると実はコンプレックスを抱いている場合もあります。誰にでも当てはまるようなことを、見抜いたように指摘すれば、相手は自分のことをわかってくれる人と感じて信頼度がアップします。

しかし……よく考えてみれば、それはある程度誰にでも当てはまるのではないでしょうか。**このように、誰にでも当てはまるような当たり障りのない指摘を「当たっている」と錯覚してしまう心理作用を「バーナム効果」といいます。**アメリカの心理学者フォアは、誰にでも該当するような適当な文章を用いた性格診断の実験を行っていますが、そこでもそれを「自分のことに当てはまる」と感じる人が多かったという結果が出ています。

部下のモチベーションを上げるには

心を動かす **02**

上司から「注目されている」と感じたとき、部下たちの生産性はどんどん向上していくのです。

シカゴで「工場内の照明が生産性にどう影響するか」について行われた実験は、意外な結果をもたらしました。**工員たちに「生産性についての実験を行っている」ということが知らされただけで、工場内の明るさに関係なく生産性が上がったのです。**工員たちには「見られている」と感じることで無意識に「生産性が低い人間だと思われたくない」という心理がはたらいたのです。

「見られている」ということがモチベーションを上げる

期待に応えたくなる

アメリカのホーソン工場で行われた実験では、上司や周囲の人が労働者に関心を示すことが、もっとも効率的な労働成果につながることがわかりました。注目し、見守ってくれている相手の期待に応えたいという心理がはたらいたのです。

このような心理作用は、実験が行われた工場の名にちなんで「ホーソン効果」と呼ばれています。**自分だけではなかなかモチベーションを上げられない人も、人が見ていると頑張ったりすることが多いのです。** このことを実際に業績アップに活用している企業も存在します。有名なのは、キャストの評価を社員によってではなくキャスト同士で行わせることでモチベーションを高めているディズニーランドの例でしょう。「見られている」という意識がいかに大切かがわかります。

ホーソン効果を自分に応用

理想的な人と行動をともにする

ダイエットをしている人や、自分の金遣いのあらさに悩んでいる人は、理想にできる人と行動をともにしてみましょう。相手にガッカリされたくないと感じて、理想に近い行動をとるようになります。

ホーソン効果を他人に応用

ライバルを蹴落とす

ホーソン効果を逆に考えれば、上司に期待されない仕事にはモチベーションが上がらないことになります。ライバルに「期待されていない」と吹き込めば、どうしてもその仕事に本腰を入れられなくなり、成果が下がるようになるでしょう。

心を動かす
03

噂話のほうが信じやすい

口コミサイトにある投稿やレビューなどを信じやすい心理には、理由がありました。

TVや新聞の報道を信じようとせず、一般的なマスメディアを「マスゴミ」などと呼んで、ネット上の不確かな噂話ばかりを信じようとする人たちがいます。そのような人たちを批判するのは簡単ですが、**実は人間の心には、第三者の噂話を「多くの人が共有している情報」として無意識に重要視し、信じやすくなってしまうはたらきがあるのです。**心理学ではこれを「ウィンザー効果」と呼びます。

上司が直接褒めると

君はよく頑張ってるな！

ありがとうございます

激励かな？

お世辞や駆け引きを疑う

直接褒めても部下は嬉しく感じますが、お世辞や、ただの激励かもしれないと感じ、心からは喜べません。嘘くささを感じてしまうのです。

同僚から上司が褒めていたと聞くと……

部長がお前のことを褒めてるらしいぞ

ホント？やった！

本音が伝わったと感じる

第三者からもたらされる情報は、不特定多数がすでに聞き知っている情報だと感じられるので、信ぴょう性が高く感じられます。これをウィンザー効果といいます。

ウィンザー効果をマーケティングで活用

利用者の声を使う

もっとも効果的なのは、口コミとして不特定多数の噂話にしてしまうことですが、広告で利用者の声として効果をうたうことでも、信びょう性を高めることができます。

ウィンザー効果を恋愛で活用

アピールが効果的になる

付き合いたいと思っている異性と仲良くなるタイミングがわからない場合、その異性の友達を通して、こちらの好意をそれとなく伝えてみましょう。相手はこちらを異性として意識しはじめ、こちらのアピールも好意的に捉えてくれるようになります。

口コミサイトにサクラを使ってポジティブな評価を書き込ませるやり方は、ウィンザー効果をマーケティングに利用しようとするもので、「ステルスマーケティング」（ステマ）と呼ばれて問題にもなりました。 そうでなくても感じ方や評価には個人差があり、口コミサイトなどを盲目的に信じてしまうのは危険といえます。それでも、口コミサイトや通販サイトのレビューを参考にしてお店や商品を判断している人は今もかなり多いようです。

心を動かす **04**

主張を変えない人につい従ってしまう

実績が少ない少数派の意見でも、主張し続ければ多数派の意見を切り崩すことができるのです。

集団の中では、多数派の意見に引きずられがちなのは当然ともいえます。それは、多数派の前では自分自身の意見があっても言い出しづらかったり（「同調圧力」）、大勢が支持している意見のほうが何となく正しいように思われたりもする（「集団思考」）といった理由があります。しかし、**ときには自分の意志を曲げず「おかしいことはおかしい」と声を上げるべきときもあるでしょう。**

少数派でも意見を通すことができる

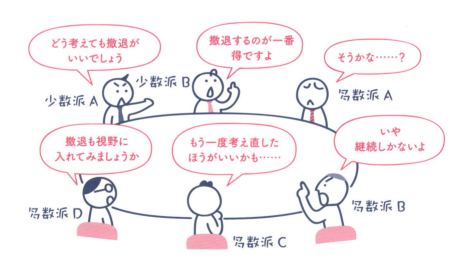

必ずしも多数派が優位ではない

民主主義的な多数決のルールでは、多数派の意見が圧倒的に優位です。しかし、少数派であっても、一貫して意見を変えないでいれば、多数派に影響を与え、意見がくつがえることがあります。

そのような場合に大切なのは、**ブレずに同じ意見を主張し続けることです。**もし少数でも賛同者がいてくれたなら、よく話し合って主張を一致させておきましょう。**実績がない少数派の意見であっても、多数派に迎合せずに一貫して主張し続けると、多数派の意見を切り崩すことが可能な場合も多いのです。**これを「マイノリティ・インフルエンス」と呼びます。主張の一貫性だけでなく理論的な根拠をも示すことができれば、より効果的です。

ホランダーの方略

少数派＝過去に大きく貢献したリーダー

少数派

あなたがそう言うなら
そっちが正しいのかも……

実績が影響力を強める

過去に集団の成果に大きく貢献したリーダー格の人が少数派にいる場合、その実績の信頼から、多数派に影響を与えて意見を変えさせることができます。

モスコビッチの方略

少数派

この数値は
どんどん悪化
しますよ

撤退が一番
いいですよ

撤退して、他の事業に
投資したほうが何倍も
いいですって

多数派

ムムム…

一貫した意見は
強い説得力がある

どんなに少数派となっても、強い意志と柔軟な視点で意見を主張し続ければ、強い説得力が生まれます。多数派も少しずつ影響を受け、やがて意見をくつがえす人も現れるでしょう。

心を動かす 05

褒められると頑張りたくなる

優秀な人だと思っていると、つい褒めたくなって、褒められた人も成長する。好循環ですね。

よく冗談めかして自分のことを「褒められて伸びるタイプなんで!」と言う人がいますが、実のところこれは冗談でも何でもなく、多くの人に当てはまることなのです。**人間は、期待されるとそれに応えたくなる心のはたらきを備えています。**そして実際、期待をかけられたり褒められたりすることでモチベーションが向上し、期待通りの働きができることが多いのです。これは「ピグマリオン効果」と呼ばれます。

優秀なポテンシャルを持っていると教師に伝えると……

さすが、よく解けたね

えへへ

……

……

……

学力が一段と向上する

心理学者ローゼンタールは、教師に特定の生徒の名簿を見せて、今後成績が伸びる知能を持った生徒であると伝えました。実際はランダムで選んだ名簿でしたが、はたして数カ月後、名簿の生徒の学力は向上しました。教師が期待を込めて名簿の生徒を見守ったためと考えられます。

部下の教育に活用

もうできるようになったのか優秀だな！

まだまだですよ！

大きな期待を込めて面倒を見ましょう

必ず成長するという期待を持ち、少しの成長でも褒めていけば、部下のモチベーションは高い状態を維持し、最大限の成長を遂げることでしょう。

浮気防止にも使える !?

あなたの誠実なところが好きよ

ありがとう嬉しいよ

「浮気しないでね」はNG

もしカップルがパートナーに浮気をしてほしくない場合、「浮気しないでね」と言うのは逆効果になる可能性があります。その言葉は、放っておけば浮気する不誠実な人、というニュアンスがあり、ゴーレム効果を招いてしまいます。ポジティブな面を褒めることで、相手のピグマリオン効果を引き出しましょう。

逆に、褒められず期待もされないどころか「ダメなやつだ」と言われ続けた人は、実際に能力があったとしてもそれを発揮できず、モチベーションも低下して結果が出せなくなることが多いとされています。これを「ゴーレム効果」と呼んでいます。また、人間の脳は様々なことを誰に対してであるかは関係なく記憶するようにできているので、他人にネガティブなことを言ってばかりいる人は自分のモチベーションも低下させてしまうことがあり、要注意です。

心を動かす
06

上手な断り方

頼みごとを断りづらいという人にも、
ソフトな姿勢ではっきり主張する方法はあります。

どんな事情があっても、頼まれたことを断るのは、誰でも苦労するのではないでしょうか。断るのが苦手なばかりに、なんでも引き受けてしまって大変な思いをする人もいることでしょう。**ほとんどの場合、断ることによって相手の気分を害したくない、という心理が働きます。** しかし、**そのために自分を抑えたり無理に引き受けたりばかりしているのでは良くありません。**

3パターンの自己表現

アサーティブ（主張的反応）

相手の意思や人格を尊重した上で、自分の状況を伝えて上手に自己主張します。これなら断るときも角が立ちません。

ノン・アサーティブ（非主張的反応）

波風を立てたくないと思うあまり、自分の感情や主張を押し殺して、相手の言いなりになってしまう自己表現です。大きなストレスを抱えてしまいます。

アグレッシブ（攻撃的）

自分の主張は力強い反面、相手への気配りに欠けた自己主張です。人間関係が悪化するので、長期的には不満が増していきます。

最も上手な断り方は、「丁寧な態度で、はっきりと断る」というものです。そして、ただ断るだけでなく、理由をきちんと説明するようにしましょう。申し訳ないと詫びながらも自分の主張をはっきり示すことを「主張的反応」（アサーション）と呼びます。代案を提示できれば、なお良いでしょう。主張的反応をきちんとしないでただ受け入れるのが「非主張的反応」で、その場合頼まれごとを抱え込むばかりになってしまいがちです。

アサーション・テクニックの4つの柱

私は今忙しくて手が離せないの

あなたが困っているのはわかるわ　だからごめんなさい

誠実

自分にも相手にも誠実でいましょう。ごまかしや嘘をつくことでは良いコミュニケーションは生まれません。

率直

自分の状況や感情は、率直に伝えましょう。嫌な気持ちでも、それを相手に伝えることは正しいコミュニケーションです。

私の仕事も後で手伝ってくれる？

もし仲が悪くなっても仕方ないか……

NO!

自己責任

自分の言葉や行いで起きた結果は、自分で引き受けましょう。決して誰かのせいにしてはいけません。

対等

同じ人間同士、対等であることを心がけましょう。たとえ上下関係がある場合でも、相手を一人の人として尊重しましょう。

心を動かす
07

お願いごとには理由をつけよう

ただ頼みごとをするだけでなく、
理由をつけると成功率が上がります。

前のページで、断るのに苦労する人も多いのではと話しましたが、**一方でお願いごとをするのが苦手という人も多いのではないでしょうか。** そのような人はうまく頼みごとをできないばかりに、仕事を一人で抱え込んでしまいがちです。**お願いごとをするのにも、良いやり方があります。有名なのは「カチッサー効果」です。** お願いごとに理由を添えるだけで、引き受けてもらえる可能性が高くなるのです。

エレン・ランガーの実験

理由を
つけない

すみません、コピーを
5枚、先にとらせてください

60％が承諾

本当の
理由を
つける

すみません、
急いでいるので
コピーを5枚、
先にとらせて
ください

94％が承諾

もっともらしい
理由をつける

すみません、コピーを5枚、
とらなければいけないので
先にとらせてください

93％が承諾

理由をつけるだけで聞いてもらえる

何かをお願いするとき、理由をつければ承諾される
確率が上がります。これをカチッサー効果といいま
す。簡単なお願いなら、よくわからないお願いでも
効果があります。しかしコピー枚数を20枚にして、
時間がかかってやっかいであると認識させると、効
果は下がりました。

デートに誘うなら

週末、デート
行かない？

うーん、忙しい
からまた今度ね

近くにおしゃれな
カフェができたから
週末一緒に行かない？

行ってみたいかも！

理由は口実になる

ただデートに誘う場合、相手は本当は遊びたいと思っていても、本気で好きでなければ、承諾するのは悪いような気分になります。理由づけをすることで、承諾する口実になるのです。

仕事で使うなら

この書類、
木曜までに
仕上げておいて

それはちょっと
厳しいかと……

お客様の要望で急がなきゃ
だから、この書類木曜
までにお願い

うーん……
わかりました
なんとかしてみます

優先すべきことを理由にする

会社にとって、お客様の要望は最優先事項です。お客様の要望があると伝えることで、要求は格段に通りやすくなります。

この場合、「いかにも」なもっともらしい理由ではなく、まったく意味がないような理由でも効果があるとされています。心理学者ランガーが行った、「コピーをとっている人に順番を譲ってもらうよう頼む」という実験では、「コピーをとらなければいけないので先にコピーさせてください」と言うだけで、OKしてもらえる率が実に33％も上がったという結果が出ています。ただし、難しいお願いでは効果が薄くなるので、もっともらしい理由をつけてお願いをするべきでしょう。

叱り方を変えると相手は変わる

心を動かす
08

気配りのない叱り方だと
マイナスの気持ちばかりになってしまいます。

仕事をしていれば、部下や後輩を叱らなければならないことは必ずあります。**しかし、叱り方にも気配りが必要です。** まず「怒る」のと「叱る」のを混同しないことが大切です。相手がただ「怒りをぶつけられた」と感じるような叱り方では、「改善してほしい」というこちらの気持ちは伝わりません。**効果的に「叱る」ためには、相手の意欲をそいでしまわないようなマナーが必要です。**

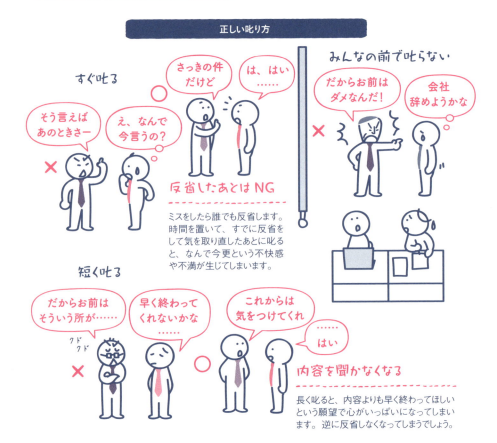

正しい叱り方

すぐ叱る

そう言えば
あのときさー

え、なんで
今言うの？

さっきの件
だけど

は、はい
……

みんなの前で叱らない

だからお前は
ダメなんだ！

会社
辞めようかな

反省したあとはNG

ミスをしたら誰でも反省します。時間を置いて、すでに反省をして気を取り直したあとに叱ると、なんで今更という不快感や不満が生じてしまいます。

短く叱る

だからお前は
そういう所が……

クド
クド

早く終わって
くれないかな
……

これからは
気をつけてくれ

……
はい

内容を聞かなくなる

長く叱ると、内容よりも早く終わってほしいという願望で心がいっぱいになってしまいます。逆に反省しなくなってしまうでしょう。

重要なポイントとしては、「時間を置かず、すぐに叱る」「短く簡潔に叱る」「ここは良かったがここは良くない、など褒め言葉と叱責をミックスする」「ほかの社員が見ていない場所で叱る」「お互い座った状態など、上から目線にならないようにして叱る」といったことが挙げられます。あとから叱ったり、だらだらと叱り続けるのは効果が薄いですし、叱る場合でもこちらが常に相手の立場を尊重していることを伝える必要があるのです。

同じ目線で叱る

× どうしてそんなミスをしたんだ！

すみません……

どうしたらミスをなくせそう？

はいそれは……

ちょっと場所変えようか

……はい

晒し者にされたと感じる

同僚や公衆の面前で叱られるのは、とても屈辱的なことです。二人きりの場所に移動して叱ることで、相手は気配りを感じ、耳を傾けてくれるようになります。

必要以上の威圧はNG

部下を立たせて上司は座る、または逆に上司が立って上から座っている部下を叱る、という構図は必要以上の威圧感を生みます。部下は萎縮して叱責の内容に集中できなくなります。

プラスの言葉を取り入れる

お前はそういうとこがダメだからミスするんだ

すみません……

×

いつもよくやってるけど、今度のミスは反省してもらうよ

はいもちろんです

心の余裕ができる

叱るだけでなく、前後に褒める内容を挟めば、相手は内容を聞くだけの心の余裕ができます。反省を次に活かすことができるでしょう。

チーム作りのコツ

ビジネスで大切な適切なチーム作り。いったいどうすればいいのでしょう?

社会心理学者リーヴィットは、**チームによる作業の効率や作業への満足度を調べるために、5人の小集団を4種類作って作業に当たらせるという実験を行いました。**そのチーム分けは①ホイール型、②Y字型、③チェーン型、④サークル型の4種類で、ホイール型はリーダーがはっきり決まっているタイプの集団、逆にサークル型はリーダー不在の集団です。①から順に、リーダーシップの強さは弱まります。

リーヴィットの実験

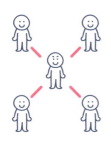

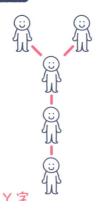

チェーン

中心となる人物はいますが、一方的な関係ではなく横のつながりを重視する必要があります。効率はそれほど高くないですが、不満はそれほど高まりません。

ホイール

中心の人物はそれぞれの人物とコミュニケーションを取れます。自然と中心の人物がリーダーとなり、単純作業では最も効率が上がりました。しかし、複雑な作業ではそれぞれの人物の不満が高まりました。

Y字

中心となる人物はいますが、すべての人物とコミュニケーションが取れるわけではありません。効率は高いほうですが、最大というわけではなく、全員の不満がやや高まりやすいモデルです。

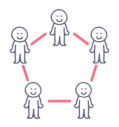

サークル

中心となる人物はおらず、すべての人が平等に情報チャンネルを持っています。効率は最も低いですが、不満が高まることもなく、全員のモチベーションが高い状態を維持できます。

4タイプの人間関係を設定

情報交換のネットワークを4パターン設定してそれぞれに課題を与えたところ、最も効率的なのはホイール型、メンバーの満足度が高いのはサークル型になりました。チーム作りに大いに参考となる実験とされています。

効率を求めた組織ならワンマンタイプ

オレの言うことだけ聞いてろー

ただし社員は……

リーダーにすべての情報を集約して、判断と調整を一任するタイプの組織は、非常に効率が良くなります。しかし末端の社員は作業に対する満足度が低く、モチベーションが上がらずに去っていく人も多いでしょう。

全体の満足度を高めるなら仲良しタイプ

あーでもない

こーでもない

オレはオレの
やり方でやるわ

絶対にこっちが
正しいのに

リーダー不在

組織の構成員が全員同じ立場であれば、作業のやり方や組織の方針が定まらず、非常に効率の悪い組織になります。その反面、社員は自分のやり方で進められるので、作業に対する満足度は高く、去る人は少なくなるでしょう。ホイール型とどちらが良いかは一概にいえませんが、うまくバランスをとった組織にしたいところです。

ホイール型ではリーダーを中心に情報や指示が素早く伝わり、単純な仕事では最も達成が早かったのですが、メンバーの中には不満もありました。一方複雑な仕事ではサークル型のほうが仕事が早く、作業の満足度も高かったのです。またY字型では双方向の情報伝達がしやすく、チェーン型はサークル型同様に複雑な仕事に有利な反面、派閥ができやすいという特徴が見られました。仕事によって、チームのあり方には向き不向きがあるのです。

会えば会うほど好きになる

心を動かす 10

最初はあんまり興味なかったのに、何度も目にするうちに好きになっている。それはなぜでしょうか?

人間の心には、何度も会っている人に対して好意を抱きやすくなる傾向があります。 心理学ではこれを「単純接触の原理」と呼んでいます。人間は、初めて会う人には多少なりとも警戒心を抱きます。しかし、繰り返し会って見慣れたり気心が知れると、警戒心はなくなり、好意を持ちやすくなるのです。人間相手ではもちろんですが、文字や物体にも効果があります。

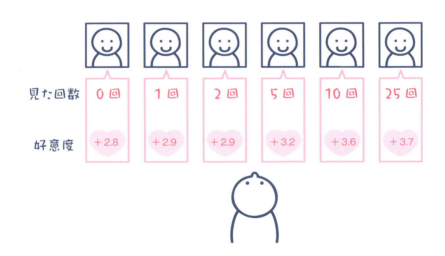

ザイヤンスの実験

見た回数	0回	1回	2回	5回	10回	25回
好意度	+2.8	+2.9	+2.9	+3.2	+3.6	+3.7

見た回数が多いほど好意的に

心理学者ザイヤンスは、12枚の写真を用意し、そのうち10枚を、1枚につき2秒の時間で86回、実験参加者に見せました。見せる回数は写真によって変え、まったく見せなかった写真も含め、好意度を聞いたところ、見た回数が多いほど好意的になることがわかりました。

恋愛も同様です。会話をしないような関係でも、頻繁に見かけていれば見慣れるとともに好感度がアップしたりするもので、いつも同じ電車で見かけるイケメンが気になり出したりすることもあったりします。気になる異性がいる場合は、電話をかけたり会ったりする回数を増やすようにすれば、お互いの好意も高まることでしょう。**ただし、会う回数が10回を超えると好意の度合いはあまり変化しなくなるというデータも出ています。**

日常で使われる単純接触の原理

繰り返されるテレビCM

タレントや商品を好きになる

テレビで繰り返し流されるCMは、流される回数が重要です。7回見かけると商品を買いたくなる「セブンヒッツの理論」というマーケティング用語もあります。

恋愛にも効果的

マメな男はモテる

女性にマメに連絡する男性がモテるのは、まさに単純接触の原理を利用しています。直接会わなくても、電話やメールでも効果があります。

ここに注意!

上がる好意度は限界がある

ザイオンスの実験でも、10回以上はほとんど好意度が上昇しませんでした。10回ほど連絡して脈がなさそうなら、きっぱり諦めましょう。

最初に嫌われていたら効果なし

むしろより嫌われる

最初に好意度がマイナス、つまり嫌われてしまうと、何度見かけても好意度が上がるどころか、より嫌われてしまいます。

心を動かす

真似をすれば好かれる法則

好きな人を真似したくなる＝真似している人を好きになる、という心理効果があります。

相手に対する自分の好感度をアップさせるテクニックのひとつとして、「ミラーリング」と呼ばれるものがあります。 ミラーリングとは、文字通り鏡のように、相手の行動やしぐさなどを真似ることです。人間は、自分と似ている人、同じような行動をする人には自然と好意を抱きやすいようにできているのです。そこで、相手の行動を意識的に真似ることで、相手の好意を得られるようにするのがミラーリングです。

好きな人を真似したくなる＝真似している人を好きになる

好きだ〜

かわいい♡

似ているから好きになる

類似性（22ページ）でも紹介しましたが、人は自分と似ている人に好感を抱きます。また逆に、好きなものに自分を似せたいという欲求も持っています。ミラーリングは、この心理を使ったコミュニケーション・テクニックです。

信頼があるなら猿真似で Ok

鏡写しのように真似をする

お互いの信頼がすでに確固たるものであれば、相手の挙動をそのまま真似をすればより親近感が高まります。

クロスオーバー・ミラーリング

さりげなさを加える

信頼関係がないと、単純なミラーリングは相手に気づかれると不快感を与えてしまいます。相手の動作と似た動作でミラーリングをさりげなく行うことで、その心配はなくなります。

マッチング

ふぁ〜　ふぁ〜

行動の一部を取り入れる

姿勢や身振り、声のトーンやリズムなど、あらゆる行動を相手に合わせようとします。タイミングをずらすことで、さりげなく行うことができます。

「相手の何気ない身ぶりやしぐさを真似る」「相手と同じような姿勢をとる」などが、ミラーリングの具体例です。それだけで、相手との親密度が高まる場合が多いのです。**ミラーリングをうまく活用するには、相手のことをよく観察する一方で、あからさまに「真似ている」と思われないように気をつけるのも重要です。**動きがぴったりシンクロしている必要はありません。動きのタイミングが遅れていても十分に効果があるとされています。

心を動かす
12

元を取ろうとしてしまう心理

今まで費やしてきた時間やお金を取り戻したくなる心理は、利用されやすいのです。

恋愛関係で二人の気持ちの温度差が大きい場合、立場が弱いのは「惚れている側」「追いかける側」です。そして、惚れている側は相手にせっせと尽くしたり、あるいは貢いだりすることになったりします。**そのようにして相手の愛を得ようとする人の心には、ある種の打算が働いています。これは「サンクコスト効果」といわれます。**自分が労力やお金をかけた分、愛情などで報われるはずだと考えるのです。

損をすると取り返したくなる

これ以上投資しても取り返すことは……

もう少しで成果は出るはずだ!

含み損500万……上がるまで塩漬けだな

もう100万つぎ込んだんだ!今日は勝つまでとことんだ!

サンクコスト（埋没費用）は忘れよう

うまくいかない事業を続ける社長、下落した株を損切りできない投資家、負け分を取り返そうとするギャンブラー。彼らが陥っている心理がサンクコスト効果です。失ったお金（＝埋没費用）は忘れて、次の投資（＝機会費用）のことを考えたほうが賢明です。

しかしこのような場合、実際には十分に報われることは少なく、時間や労力やお金をかけるほど相手のことを簡単に諦められなくなり、引き際を見失って一方的に尽くすだけの関係になりやすかったりします。**逆に、あなたが誰かと恋愛関係にあるなら、相手があなたのためにお金や時間を使うようにうまく仕向けられれば、相手は自分がかけたコストの分だけあなたとの関係を積極的に深めようという気持ちになるかもしれません。**

恋愛で長続きさせたいなら貢がせる

貢いだら相手の思うつぼ

好きな人と付き合えて、相手の歓心を買おうとプレゼント攻勢をする……というのは、付き合いを続けるかどうかが相手次第になってしまい、長続きのためには効果的ではありません。

貢がせた分だけ価値が上がる

誕生日プレゼントや食事代など、相手が嫌がらないかぎり貢がせましょう。貢いだお金は、そのままあなたの価値となります。ただし、好意もないのに貢がせた場合はしっぺ返しの可能性もあるので、オススメしません。

心を動かす
13

自分が心を開けば相手も心を開く

相手に心を開いてもらいたいと思ったら、
まずはこちらが心を開くことが鉄則です。

相手に自分のことを話してもらいたいと思うとき、大抵はこちらが知りたいことを直接尋ねるのではないでしょうか。しかし、相手がこちらの思うように話してくれるとは限りません。そんなとき、**聞き手の側が自分のことを話すようにすると、相手もすらすらと自分のことを話すようになることがあります。** これをコミュニケーションのテクニックとしてうまく活用すると、相手の情報を聞き出しやすくなります。

自己開示は相手の心も開く

映画ってお好きですか？
実は最近、ミュージカル
映画にハマってまして

私はもっぱらアクション
映画ばかり観てますね

自己開示

返報性の原理

すぐに打ち解けられる

自己開示は、出会って間もないタイミングで、単純に自分についての情報を相手に伝える行為です。相手は返報性の原理という心理効果によって、自分のことも相手に伝えようと思うようになり、お互いがすぐに打ち解けられるようになります。

one point
返報性の原理

相手に何かをされると、自分も同じことを返したくなる心理効果のことです。好意を受けたら好意を、自己開示を受けたら自己開示を、同じように返したくなります。

自己開示の実用例　ビジネス

すぐに打ち解けられる

自己開示は、出会って間もないタイミングで、単純に自分についての情報を相手に伝える行為です。相手は返報性の原理という心理効果によって、自分のことも相手に伝えようと思うようになり、お互いがすぐに打ち解けられるようになります。

自己開示の実用例　恋愛

ありのままの好意を伝える

付き合ってほしいなどの願望ではなく、単純な好意のみを伝える告白は、自己開示のテクニックにとても似ています。返報性の原理で相手が悪く思うことはありませんし、意識しはじめて恋愛感情が芽生えていくケースもあります。

自己開示の実用例　心理療法

大事なコミュニケーション

心理療法の世界では、自己開示はとても重要なコミュニケーション・スキルと考えられています。自閉症や発達障害などの人に、どうやって自分の考えや気持ちを表に出せるかをトレーニングしています。

自分の内面などを誰かに打ち明けることを「自己開示」といいます。**人間は、自己開示をしてくれた相手に対しては自然と親近感を抱きやすくなります。そして、自分からも相手が開示したのと同じくらいの情報を開示することが多いのです。**こちらが相手に対して自己開示を行うことで、相手もこちらに自己開示してくれるなら、お互いの親密さは高まり、コミュニケーションをより円滑に進めることができるというわけです。

ビジネスで会食が多い理由

心を動かす
14

ビジネスではつきものの取引先との会食。
実は心理学的に、とても合理的なんです。

アメリカの心理学者ラズランは、**商談や交渉の際に食事をしながら話をすると相手から好意的に受け取られやすいという心理作用を「ランチョン・テクニック」と呼んでいます。** 誰かと一緒に食事をすると、オキシトシンという愛情に関わるホルモンが分泌され、相手に対する親近感が高まり、好意的な反応を得やすくなるのです。美味しいお店を知っておくのはビジネスにも有効というわけです。

愛情&幸せホルモンで親密度アップ

幸せホルモン＝セロトニン

オキシトシン

愛情ホルモン＝オキシトシン

セロトニン

セロトニン

幸せホルモンと呼ばれる脳内物質です。美味しい食事をしたり、好きな人とデートしたりすると分泌されます。

オキシトシン

愛情ホルモンと呼ばれ、脳内で分泌されると、セロトニンの活動を活発にします。家族や友人と食事をしたり、スキンシップをしたりすることで分泌されます。

脳が錯覚する

本来は関係ないかもしれないのに、美味しい食事をすることで得られる幸せが、食事相手との会話から得られていると、脳は結びつけて感じてしまいます。このように関係のない事象が結びついて感じられる脳の錯覚は「連合の原理」と呼ばれています。

美味しいものを食べながらの会話では、緊張がほぐれて気持ちがリラックスします。また、関心や注意の一部が食べることに向かう分、相手の一言一句に神経をとがらせることがなくなります。 政治の世界では相談や交渉などに料亭が使われるのは常識ですし、アメリカでは、朝食や昼食をとりながら会議やミーティングを行うことがあり、「パワー・ブレックファスト」「パワー・ランチ」と呼ばれています。恋愛も、デートコースに食事を入れるのは無意識にこの効果を見込んでのことなのです。

ビジネスなどの交渉に活用される連合の原理

提案を好意的に受け入れてもらえる

ランチョン・テクニックは恋愛だけでなく、ビジネスや外交の現場でも日常的に活用されています。

連合の原理はマイナスにも作用する

バッドニュースにミスは命取り

悲報を伝えるニュースキャスターは、ニュースそのものとは本来無関係です。しかし視聴者は連合の原理によって、キャスターに憎しみを向けてしまうことがあります。特に不謹慎な調子で伝えたときは、クレーム騒動に発展することもあります。

one point

連合の原理

本来異なる事象が、結びついた現象であると脳が錯覚してしまう心理作用です。CMキャラクターに好感度の高いタレントを起用して商品のイメージをアップさせるなど、ビジネスで日常的に活用されています。

心を動かす
15

限定商品に弱い人

「残りあとわずか!」など、限定された商品に弱いのは、価値の上昇に理由がありました。

誰でも「期間限定」「数量限定」「本日限り」「最後の一品」などという売り文句には弱いことでしょう。**世の中に出回る数が少ない商品は、より魅力的な物、価値が高い物と感じられるのです。これを「希少性の原理」といいます。**ダイヤモンドなどの宝石や貴金属がその最たる例ですが、生産台数の少ない名車など、いろいろな分野に人の所有欲を大いに煽る希少な物が見られます。

希少性の原理は日常にあふれている!

一日 30食限定!!

ラーメン

スーパー

人気スニーカー 残りあとわずか!

数量の限定

商品やサービスの数を限る（ように見せかける）ことによって、希少性を演出しています。

期間限定

割引の期間を限定したり、新商品を期間限定で提供したりすることで、顧客の購買意欲を増幅させることができます。

特典の限定

商品自体ではなく、特典を限定することで優良顧客を獲得するマーケティングも、頻繁に使われています。

恋愛でも活用

もう会えないかも、と思わせるようなイベントは、大きな告白をするチャンスかもしれません。相手の好意度が高ければ、あなたを手放したくないと思い、告白を受け入れるでしょう。

また、「本日限り」などと言われると、大抵の人は「今日を逃したらもう買えないかも」と思います。**自分がその商品をいつでも自由に買えない、という事実はその人の自由を制限することであり、人は自由を制限されるとそれに抵抗し、自由に執着する心理が働きます。** この心理作用を「心理的リアクタンス」と呼びます。結果として、多くの人はその商品を手に入れる自由を奪われまいとして、つい手を出すことになるのです。

断言すれば夢はかなう?

心を動かす **16**

何かを期待すると、無意識にそのイメージに沿った行動を取り、予言は成就するのです。

成功への近道は、まず何よりも成功を信じることです。そしてそのことに自信を持って努力することです。単純すぎると思えるかもしれませんが、これは本当のことなのです。**人間は、何かを期待したり予想したり、そしてそれを言葉にしたりするだけで、無意識のうちにそのイメージどおりの行動を取り、その予言をかなえてしまうことがあります。心理学ではこれを「自己成就予言」と呼んでいます。**

信じたことは実現する!? 予言の自己成就

へー、今年は赤い服がトレンドなんだ

今年のトレンドは赤だって

えー、新しい服買わなきゃ

状況を信じる

メディアが発信する予言的情報を信じると、無意識に実現のための行動を始めます。

情報を広める

信じた人がさらに情報を発信することで、情報は信ぴょう性を持って広まります。

赤い服が流行する

トレンドをいち早く取り入れようと多くの人が赤い服を着て、結果的に赤い服が流行します。このような現象を予言の自己成就と呼んでいます。

現実の例として有名なのは、野球のイチロー選手ではないでしょうか。イチロー選手は、小学生のときの作文で「将来プロ野球選手になる」とはっきり宣言していました。そして彼はそのとおりに努力を重ね、本当にプロ野球選手になったばかりか、日本を飛び出して大リーグで活躍するようにもなったのです。**また、血液型占いを信じる人が、本当に占いどおりの性格になっていくのもこれに近い効果と考えられています。**

自分の夢をかなえるアファメーション

僕は将来、野球選手になっています

夢はかなうと信じていました

夢がかなうと断言する

強い意志を持って夢がかなうと信じ、断言することで、無意識に夢がかなうための行動を行うようになります。

信念が道を切り開く

夢がかなうと信じている人は、そのための努力を惜しみません。自分のポテンシャルを最大限に発揮できるので、多くの場合、本当に夢がかないます。

アファメーションのルール

① 宣言は必ず「現在形」で言うこと。

× 野球選手になりたい　○ 野球選手になっている

② ポジティブなことを宣言すること。

× エラーをなくしている　○ ファインプレーをやっている

③ 宣言は短ければ短いほど効果的である。

× 野球選手になるために朝練を欠かさず毎日して〜

④ 自分にぴったりな内容の宣言すること。

× 音痴なのに「ミュージシャンになっている」

⑤ 自分が新しいものを創りだしていると意識すること。

× みんなやっているけど……

⑥ 自分の感情と矛盾するような宣言はしないこと。

× 本当は野球を好きじゃないのに「野球選手になっている」

⑦ 宣言しているときは、できるかぎりその内容を信じること。

野球選手になる

野球選手になっている自分を想像して心から信じて宣言する

話し上手になりたい！

心を動かす **17**

うまく相手と話をかみ合わせたいとき、実は話すペースにコツがありました。

話上手で聞き上手だったなら、相手との会話は弾み、お互いの関係はとても良好なものになるはずです。相手と親しく話し合うためのテクニックのひとつとして、152ページでは「ミラーリング」について説明しましたが、他に「ペーシング」と呼ばれるものもあります。**ミラーリングが相手のしぐさをまねるのに対して、ペーシングは相手の呼吸や声のトーンに合わせることをいいます。**

話のペースを相手に合わせる

そうですね、それは私も、考えていました

ありがとう、ございます！

相手のペースに合わせよう

この人とは話しやすいな

会話にストレスがなくなる

会話のペースは本来、人それぞれですが、意識して相手のペースに合わせることで、会話のストレスをなくすことができます。相手は「話しやすい相手」と感じて好感度がアップします。

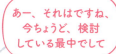

話し方を合わせる

話すスピードやリズム、声の大きさなどを合わせます。相手は自分のペースで心地よく話すことができ、親近感を抱いてくれます。

状態を合わせる

感情や興奮状態の高低を合わせます。相手がこちらに対して怒っている際は、大げさにしょげかえって見せるなど、反対方向に感情を合わせることも有効です。

呼吸を合わせる

相手の肩やお腹の動きを見て、呼吸を合わせます。そうすれば自然とリズムやスピードを合わせることができます。

ペーシングは、「相手の話し方」（声のトーン、話すスピードやリズムや抑揚、声の大小など）、「相手の状態」（相手が落ち着いているか興奮しているか、それらの感情の起伏など）、「相手の呼吸」（相手の体の動きを観察して、呼吸のリズムが同じになるように）などに着目して、相手に合わせることです。**ペーシングをうまく行うことができれば、相手との会話には一体感が高まり、良好な信頼関係を築きやすくなるのです。**

心を動かす
18

商品の説明を聞いていると買いたくなる

相手を買いたい気持ちにさせるには、「アピールする・しない」の、2つの説得法があるのです。

あなたが販売員だったら、来店したお客には「これはお買い得ですよ」といったセールストークをするのが普通でしょう。しかしそんな風に言われると、かえって購入をためらってしまう人もいます。そのような人は、販売員の勧めに従って購入すると「操られている」「押しつけられた」という気分になってしまうのです。**そのようなお客には、商品をはっきりお勧めしないほうが購入に結びつく場合があります。**

明示的説得法

こちらのプランはとても
お安くなっており
オススメですよ

はっきり結論まで言う

相手を説得するときに、理由だけでなくはっきり結論まで言います。多くの人は結論を提示されたほうが従いやすく、一般的に効果的な説得法はこちらです。

暗示的説得法

こちらのプランは
最安値となって
おります

あえて結論を言わない

頑固で疑い深い人は、結論を提示されるとかえって「裏があるのでは?」と思い込んでしまいます。情報だけを与えて、結論は本人に任せます。

これは「暗示的説得法」と呼ばれます。 お客には商品の質の良さや価格などといった情報を説明するだけで、 購入するかどうかの決断は相手の自主性に委ねるというものです。 何事も自分で決定しないと気が済まないような人や、様々な情報から論理的に考えようとする人には、暗示的説得法が有効な場合が多いのです。一方でこちらからはっきり商品を勧めるのは「明示的説得法」といい、優柔不断な人などには効果的とされています。

明示的説得法はどんな人に有効？

へらへら

深く考えず他人に同調する人

自分に自信がなく、誰かに意見を求めたがって、意見に同調して従ってしまう人には、明示的説得法が効果的です。

暗示的説得法はどんな人に有効？

自分に自信があり深く考える人

自分の判断に自信があり、他人の話をうのみにせずに論理的に考えようとする人には、結論を言っては逆効果です。情報だけ与えて自分で決断させましょう。自分で出した結論は「一貫性の原理」によって、さらに正しいと思い込むようになります。

one point

一貫性の原理

人は行動や態度、信念などについて、一貫性を保ちたいという欲求を持っています。自分で出した答えが正しかったと思うために、その答えに固執してしまうようになります。

167

初デートは素敵な場所に

誘った場所の雰囲気で、相手の感情が左右される……。デートでの常識ですよね。

意中の相手と初めてデートするときには、誰もが「どこに連れて行こう?」とよくよく考えるはずです。これは本当に大事なことです。人の好感度は、相手の人となりだけではなく、そのときの周辺の環境も大きく作用するからです。**心地よい環境では、人間は心がリラックスして、一緒に過ごす人に対する好感度も大幅にアップします。**心理学者グリフィットは、これを「フィーリング・グッド効果」と名付けています。

ピーナッツ&ペプシ実験

・2つの大学生グループに「ガンの治療法」「アメリカの軍隊の規模」「月世界旅行」「立体映画」というテーマの論文を読んでもらう
・片方のグループにはピーナッツとペプシコーラが用意されている
　　　　　　　　　→飲食物が用意されたグループのほうが、論文を好意的に評価した

快適な空間は人を好意的にする

アメリカの心理学者ジャニスが行った実験では、ピーナッツとペプシコーラが用意されているという違いだけで、人が好意的になることが証明されました。ランチョン・テクニックにも通じる心理テクニックです。

快適な空間でデートや商談をしよう

コーヒーの香り ○

良い香りはリラックス効果をもたらします。コーヒーショップの前では、頼みごとが承諾されやすいという実験結果もあります。

適度な明るさ ○

明るさも重要な要素です。明るすぎても暗すぎてもよくありませんが、デートで深い仲になりたいなら、やや暗めの部屋でムーディーな照明があるとベストです。

適度な温度と湿度 ○

人が快適に過ごせる温度は 23℃、湿度は 30% 前後といわれています。これらを大きく超えたり下回ったりしないように気をつけましょう。

美しい音楽やインテリア ○

音楽による聴覚への刺激や、インテリアによる視覚的な刺激も快適な空間には欠かせません。リラックスと同時に、心地よい高揚感ももたらします。

ひとりよがりは ×

どんな空間が心地よいかは、人それぞれです。なかにはおしゃれな場所や開放的な場所が苦手な人もいますので、相手に合わせた場所を探すよう心がけましょう。

初デートでもプロポーズでも、**場所やお店をどこにするかは相手の感情を大きく左右します。**一方で「心地よい環境」は、人によって違います。場所選びには、ネットの評判や友人のお勧めなどばかりに頼るのではなく、相手の好みを把握しておくことも大切です。せっかく選んだデート・スポットで相手の心証を下げるようなことにならないためには、**相手がどんな場所を好きなのか、さりげなく聞き出しておくことも重要なのです。**

心を動かす
20

第一印象で失敗したら

最初の印象が悪くても、むしろそれをバネにとても良い印象になることがあります。

「初頭効果」（32ページ）のところでも話しましたが、「第一印象が良くなかった場合に、あとからそれをくつがえすのはかなり大変」なのです。ただ、第一印象のまずさをカバーして好印象に転じることがまったく不可能なわけではありません。**最初の印象が悪かったのに何かのきっかけでその人に対する評価がより高くなることもあるのです。**心理学ではこれを「ゲイン・ロス効果」と呼んでいます。

アロンソンとリンダーの実験

・最初から最後まで褒める

感じもいいし魅力的な人ですね

+ 6.42

・最初はけなすが、だんだん褒める

感じが悪いと思ったけど魅力的に感じます

+ 7.67

・最初から最後までけなす

感じが悪いし魅力もないですね

+ 2.52

・最初は褒め、だんだんけなす

感じがいいと思いますが魅力はないですね

+ 0.87

評価の表し方が印象を変える

実験では、実験参加者の女性に7回にわたって評価をし、一貫してプラス評価など4パターンで、女性が男性にどのような印象を持つか調査しました。すると、最初はマイナスの評価だが、最後はプラスの評価になるパターンがもっとも好意的な印象となりました。

たとえば、見た目が「コワモテ」な人は、第一印象は良くないはずです。しかしそんな人が、笑ったときにとても人なつっこいチャーミングな笑顔を見せたりすると、相手の印象は一転します。およそ真面目とは思えない「チャラい」見た目の人が実際には真面目でしっかりした人だった場合なども同様です。ビジネスの面では、第一印象が良くなくても飛び抜けて仕事ができれば誰もが見直すことでしょう。やはり仕事の努力は肝心ですね。

効果的なゲイン・ロス効果の実用例

・家庭的に見えないのに料理上手

・無愛想に見えて笑顔がステキ

実は料理得意なんだ

おーすげー

こんな笑顔するんだ

あ、その映画僕も観ました

見た目とのギャップ

人は見た目で印象を決めてしまいがちですが、だからこそ見た目とギャップのある特技があると、ゲイン・ロス効果も大きくなります。

印象をくつがえす笑顔

表情に乏しい人は悪い印象になりがちですが、だからこそ時々見せる笑顔がゲイン・ロス効果になります。笑顔に自信がない人は、練習をしておくといいでしょう。

・がっかりプレゼントの後で本命プレゼント

はい、プレゼント

がっかり……

なんてねこっちが本命

欲しかった香水！ありがとうすごく嬉しい！

サプライズで喜びを最大に

タイミングなど難しいところがありますが、一度ガッカリさせてからのサプライズプレゼントは、ゲイン・ロス効果によって大きな喜びになります。

交渉テクニックのあれこれ①

心を動かす **21**

商品を買ってもらう、アンケートを書いてもらう、そんなときの心理テクニックです。

ビジネスの世界で、相手に頼みごとを引き受けてほしいとき、心理学に基づいた様々なテクニックがあります。 たとえば、最初に現実離れした大きな要求をして、相手がそれに難色を示したらもう少し簡単な要求に切り替える **「ドア・イン・ザ・フェイス」** という手段があります。最初に断られることを前提とした要求をして、断られたら本当の要求を提示するのです。

ドア・イン・ザ・フェイス・テクニック

ねえ、このバッグ買って！

こんな高いのムリだよ！

¥50,000

じゃあこっちの安いのでいいからお願い！

しょうがないなあ

最初に高い要求をする

最初は絶対に断られるような高い要求をしておいて、だんだん要求を下げていき、本命の要求を受け入れさせるテクニックです。相手は譲歩してもらったという負い目から、要求を受け入れやすくなります。

フット・イン・ザ・ドア・テクニック

それくらいなら

じゃあ小銭だけど

砂漠の緑化運動をしています署名だけでもお願いできませんか？もしよかったら少しでいいので募金も

ありがとうございます！

最初は小さなお願いから

ドア・イン・ザ・フェイス・テクニックとは逆に、小さなお願いから少しずつ本命のお願いに近づいていくテクニックです。

イーブン・ア・ペニー・テクニック

ね、ちょっとだけ
1分でいいから
お茶しよ

……お茶だけですよ

ほんのわずかなお願いを受け入れさせる

あまり乗り気でない人に、ほんのわずかな、どうでもいいくらいのお願いを受け入れてもらうテクニックです。結局は常識的な範囲でお願いを受け入れてしまうことになります。

ローボール・テクニック

やった、この服
70%オフで
買えたぞ！

70%オッキャンペーン

こちら、キャンペーン
対象外ですけど
よろしいですか？

え？　あ、
はい

ハイボール・テクニック

これ中古でしょ？
3000円にならない？

¥10,000

できませんよ！
値引きできても
9000円がやっとです

じゃあ、中間の
6000円でどう？

条件をあとでくつがえす

一度要求を受け入れてしまうと、後から条件が変わって不利になっても、そのまま受け入れてしまいがちです。これは信念や態度を一貫させたくなる一貫性の原理を応用した心理テクニックです。

交渉の条件を提示し続ける

交渉の余地があるなら、相手が絶対にのめないような条件を提示し、相手の折衷案に対しても終始強気に条件を突きつけ続けるテクニックです。相手は交渉をしているうちに感覚が麻痺し、かなり悪い条件でものんでしまうことがあります。

他にも「1分だけお話しさせてください！」と言ってOKをもらえば、実際にそれ以上長い時間説明しても嫌な顔をされにくい **「イーブン・ア・ペニー・テクニック」**、はじめは小さな要求を引き受けてもらい、徐々に大きな要求をしていけば受け入れられやすいという **「フット・イン・ザ・ドア」**、最初に好条件を提示してOKをもらってから「実は……」と不利な条件をあとで付け加える **「ローボール・テクニック」** ほか **「ハイボール・テクニック」** などがあります。

交渉テクニックのあれこれ②

心を動かす 22

難しい交渉を少しでも有利にする、ちょっとした会話のテクニックです。

交渉に有効なテクニックは、まだまだあります。たとえば、無理のある条件で交渉しなければならないときに役に立つのが **「イエス・イフ法」** です。相手が厳しい条件を提示してきたときに、とりあえずそれを受け入れつつ、こちらからも「○○だったら、××しますが……」と新しい提案をすることで、双方の落としどころを探るというものです。

イエス・イフ法

承知しました ただし、納期を1カ月ほど遅らせてもらえないでしょうか

この仕事、50万円でやってくれないか

受け入れてから、こちらの条件を出す

商談では、相手の無理な注文も長期的な戦略として受け入れなければならないこともあります。そんなとき、少しでも条件を良くするための交渉テクニックとして、イエス・イフ法があります。まずは相手の要望を受け入れてから、「ただし〜をしてくれたら」と条件を提示するのです。

イエス・バット法

任せていただけるのは光栄です！ しかし、別の件とスケジュールがかぶるので少し厳しいかと

今度あの仕事もやってくれよ

受け入れてから、やんわり断る

どうしても条件が合わなかったり、何かの問題で提案を断らねばならないとき、角を立てずに異論を出すテクニックがイエス・バット法です。いかに否定感を出さない言葉を選ぶかが重要です。

もう一歩進んだやり方として**「イエス・バット法」**というのもあります。相手の意見や提案に同調できない場合でも、いったん相手の意見を肯定してから「しかし……」と自分の意見を主張するのです。この場合も、相手の意見を一度は肯定してから話を進めるため、相手の気分を害する可能性が低くなるのです。また、相手の意見を肯定した上で「それなら……」とさりげなく自分の意見を主張する**「イエス・アンド法」**というやり方もあります。

イエス・アンド法

あの仕事は、例の方法でやってくれ

承知しました　それなら別の方法を使ってもうまくいくかもしれません

受け入れてから、やんわり提案する

「しかし」などの否定的な言葉はどうしても悪い印象を与えてしまいます。ということで、順接の接続詞を使ったテクニックです。アイデアを加える形で相手の提案を否定することができます。

オープン・オア・クローズド・クエスチョン

映画は好き？

はい、好きですけど……

どんな映画が好き？

そうですね……ゾンビ映画はけっこう観ますね

会話を広げる質問

交渉の前に、雑談はつきものです。上手に会話を広げることができれば、相手との親密度も上がります。相手が答えやすい会話法として、イエス・ノーで答えられるクローズド・クエスチョンが有名です。また、相手が自由に答えられるのがオープン・クエスチョンの質問で、趣味や考えを掘り下げる際に有効です。

心を動かす 23

恋人とマンネリになったとき

長年付き合ってマンネリを感じてしまったら、
嫉妬させてみるのもいいかもしれません。

片思いの相手に対する駆け引きの恋愛戦略ともいえるテクニックのひとつに、「嫉妬のストラテジー」と呼ばれるものがあります。これは、**自分が他の異性から好かれているというのをアピールすることで、相手の嫉妬心を煽って自分にアプローチしてくるように仕向ける、**というものです。誰かに言い寄られて困っていると打ち明けて、「あなたにしか相談できない」などと言ってみるのもその一種です。

嫉妬心を煽ってマンネリを打破！

サークルのカップル……

なんか今日ダルいな〜

最近マンネリしてきてる!?

①

サークルでパートナーの友人に急接近！

あの遊園地面白かったよ〜

行ってみたい〜♡

……

②

嫉妬心が関係に緊張感をもたらす

アイツと勝手に仲良くなるなよ

ごめんなさいじゃあ遊園地一緒に行ってくれる？

わかったよ

気をつけないと他の男にとられかねないな……

③

良くない安心感を嫉妬心で刺激

恋愛には絶え間ない関係の進展が必要です。同じ関係が続くと、安心・安定するのはいいものの、マンネリが生まれて関係が冷えてしまいかねません。そんな状況を、相手の嫉妬心を煽って打破しようとするのが、嫉妬のストラテジーというテクニックです。

効果的なタイミング

・友達以上恋人未満

告白して
くれないかなあ

関係を進展させる

すごく仲が良く、デートもしているのに、告白
してくれない。あるいは、付き合って何年も
たつのに、プロポーズしてくれない。そんな
相手との関係を進展させたいときが、嫉妬を
利用するのにもっとも適したタイミングです。

・長く付き合って結婚の話が出ない

プロポーズ
してほしい

使ってはいけない相手

・あまり効果がない相手

なんだ、あっちが
いいのなら諦めよう

嫉妬は本来、良くない感情

ちょっと試してみて、相手があまり変化しな
い場合、何度もやろうとするのは逆効果に
なる可能性があります。相手は、もしかし
たら誰かと競争するのが嫌いで、取り合い
になるくらいなら諦めようと考えています。
また、元々束縛が強い相手なら、効きす
ぎて感情的になってしまうかもしれません。
そういう相手に対しても控えましょう。

・効きすぎる相手

もう信用できない
からメールには5分
以内に返信しろよ

一方で、**嫉妬のストラテジーは片思いだけでなく、パートナーとマンネリな関係に陥っ
たときにも活用することができます。** 相手との関係がなかなか深まらない場合や、
長い付き合いなのに相手が結婚の話を出してこない場合などに、わざと他の異性
と遊びに行ってみたり、他に気になっている人がいることをさりげなく伝えるようにし
てみたり、というやり方です。そうすることで、煮え切らなかった相手の心に俄然火
がつくかもしれません。

心を動かす
24

理不尽な2択に対応するには

極端な2択を迫って言うことをきかせようとする人には、しっかり反論しましょう。

人生において、はっきり白か黒かということは多くありません。ところが、**相手に対して選択肢を2つしか用意せず、無理矢理選ばせるような人がいます。**極端な例としては、いわゆるカルト教団が挙げられます。たとえば「あなたはこの壺を買うしかない、さもなければ死だ」などと言われれば、一見2択のようでも、ひとつは「死」なのですから、結局「壺を買う」という選択肢しか残されていないのです。

世間にあふれる偽りのジレンマ

私と仕事
どっちが大事なの！

入信しなければ
地獄に落ちます

友達なら
絶対に来いよな

整理整頓
しなさい
だから仕事が
できないんだ

嫌いなものを
残すなんて！
世界には食べたくても
食べられない人が
大勢いるのに！

間違った2択を迫られる

強引に物事を2つに分け、選択を迫られることが、おうおうにしてあります。「〜でなければ、〜だ」とか「〜しなければ、〜になるぞ」などといった言い回しは偽りのジレンマと呼ばれ、詭弁の代表的なテクニックです。

このような理不尽な2択の提示は「**偽りのジレンマ**」と呼ばれます。身近な例だと、「勉強しないと将来ホームレスだぞ！」のような言い方もそうです。勉強しない＝必ずホームレスということはあり得ません。将来の選択肢や可能性はもっとたくさんあるわけで、相手も大してよく考えずに極端な言い方をしていることが多かったりします。**このような物言いに対応するには、他にも選択肢があるというのをはっきりと主張することです。**

偽りのジレンマに対応するには

もちろん
どちらも大事だよ

選ぶべきではない

そもそも比べられないものの選択を迫られたら、無理にどちらかを選ぶ必要はありません。両方選んでしまうのもひとつの正解です。

地獄に行ってみたい
ので入信しません

前提をくつがえす

そもそも「地獄＝苦しむところ」という大前提を、「地獄＝見たことがないから見てみたい」などとくつがえしてしまうと、偽りのジレンマに対抗できます。

ごめん、その日は忙しくて
埋め合わせはするから許してよ

別の選択肢を提示する

たったひとつの要望が聞けないからといって、友情がなくなるわけではないことを、別の選択肢を提示することで訴えるのも手です。

努力します

あ、そう

それ、関係
ない話だよ

偽りを指摘する

嫌いな食べ物があることと、世界に飢餓があることは、本来、まったく関係のない事柄です。その偽りを指摘すれば、選択肢そのものが崩壊します。

嫌味だと思って気にしない

上司が苛立（いらだ）っているのは、整理整頓ができないことではなく、仕事の成果が低いことです。それがわかれば、整理整頓は選択する必要のない選択肢であることもわかり、気にせず仕事に努力することができます。

心を動かす

25

一番やる気の出る難度はどのくらい？

やる気が出ないのは、やることが難しすぎたり簡単すぎるせいかもしれません。

あなたに部下がいたとしたら、部下にやる気を出させるのも大切な仕事のひとつです。そのためには、目標の立て方が重要です。心理学者アトキンソンは、やる気の出る条件について輪投げを用いた実験を行いました。その結果、**絶対に成功しそうな距離や確実に失敗しそうな距離よりも、成功率が50％程度の距離のほうが、子どもたちのやる気が高くなるということがわかったのです。**

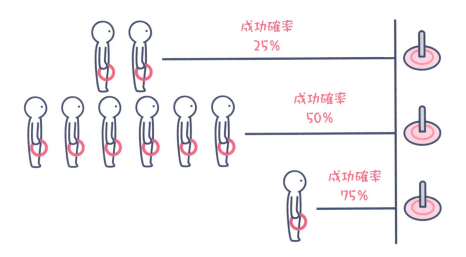

アトキンソンの輪投げ実験

成功確率 25％

成功確率 50％

成功確率 75％

一番多く並んだのは50％の距離

アトキンソンは、事前に「達成動機の強さ」を調査した子どもたちに、どの距離で輪投げをしたがるかという実験を行いました。すると、達成動機が強い子どものほとんどは中間の距離で輪投げをしました。また、達成動機が弱い子どもでも、半分以上が中間距離で輪投げをしました。

やる気の方程式

やる気＝達成動機の強さ×成功の主観的確率の高さ×成功報酬価値の高さ

成功の確率に注意

アトキンソンの方程式は非常に納得のいくものですが、もし成功報酬が一定であれば、やる気が一番高くなるのは、成功の主観的確率が50%のときであることが、輪投げ実験で証明されました。確率が高すぎても低すぎても、やる気はそがれるのです。

達成動機を高めるには失敗回避動機を少なくする

達成動機＝達成動機 −失敗回避動機

やる気を高めるには、達成動機を高めるのも重要です。達成動機は、もともとあった達成動機から、失敗回避動機を引くことでもとめられます。つまり、失敗を嫌がる気持ちが少ないほど、やる気が高まるのです。くれぐれも、失敗を恐れるような圧力をかけないように気をつけましょう。

またアトキンソンは、**やる気の強さは「成功に対する動機の強さ」「成功する確率」「成功した際の報酬」の3つで決まると提唱しました。**動機の強さがネガティブな人（＝「成功させて誇らしい気分になりたい」よりも「成功しなかったときに恥をかきたくない」という気持ちの強い人）の場合は、成功率が五分五分のときにはかえってやる気が出ず、確実に成功しそう、あるいは誰がやっても失敗しそうなときのほうがやる気を出すとされています。

心を動かす 26 アドバイスはほどほどに

相手をフォローするためのアドバイス。頻度によって影響が異なるようです。

あなたが上司や先輩だったとしたら、仕事の成果を上げるために部下や後輩をどのように指導しているでしょうか。上司や先輩なら、自分の知識や経験を活かして、いろいろ助言するのは当たり前でしょう。しかし、何事もやりすぎは良くありません。ジョージア工科大学教授のルーリーは、**30回の作業をする中で助言を受ける回数が仕事の効率にどう影響するか、という実験を行っています。**

ルーリーの実験

・30回の仕入れ作業で毎回助言

うるさいなあ
それは量が多いよ
今度は問屋を変えたほうがいいよ
納品日は……

効率は最も悪い

作業のたびに助言を与えた場合、作業効率は最も悪くなりました。

・3回に1度の割合で助言

はい、承知しました
その商品の仕入れはやめたほうがいい
在庫の数字も見てね

効率は中程度

毎回の助言より効率はアップしたものの、最大とはなりませんでした。

・6回に1度の頻度で助言

だんだんわかってきたぞ
はい
そこは入力に気をつけてね

効率は最大に

助言を必要最小限にした場合で、作業効率は最大になりました。

その実験によると、30回の作業で毎回助言を受けた人の作業効率が一番悪かったのです。一方で一番効率が良かったのは、6回に1回助言を受けた人（助言の回数が一番少なかった人）でした。誰でもよかれと思って助言をすると思いますが、行動心理学では助言をすることは相手を否定してやる気を奪う行為のひとつとされています。もちろん現実の仕事では助言が必要な局面もありますが、それは最小限にとどめておいたほうが良さそうです。

助言の性質を知っておこう

相手を否定している

相手のためと思っていても、助言は相手のそれまでの行いを否定してしまいます。どんなに正しいことであっても、否定されれば気を悪くするでしょう。求められていない助言をするのは、本来はマナー違反といえます。

上から目線

助言する側がどうしても立場が上になるので、相手は自分が格下だという居心地の悪さを感じてしまいます。また、助言するほうは、自分の正しさを証明したいという承認欲求も生じてしまうため、知らないうちに威圧感を出してしまっています。

より良い助言の受け方

助言者の善意をくむ

助言をする人は、多くの場合、心からの善意で行っています。こちらが助言を求めた場合は、理想の助言でなかったとしても、そのとおりに実行してみましょう。

勝手な助言はスルーしてよし

友人や家族、親族などで勝手な助言をしてくる人がいたら、あまり気にせずスルーしてしまってもいいでしょう。勝手な助言はマナー違反であることを思えば、相手がいかに善意で行っていようと、聞き流して距離を取るのが正解です。

心を動かす 27 ルックスを磨いたほうが出世しやすい

ビジネスパーソンとして向上していくには、見た目を良くすることも大事なのです。

ピッツバーグ大学教授のフリーズは、「ルックスと収入の関係」についての調査を行いました。その結果、**ルックスが良い人のほうが、悪い人よりも 12 年後の年収が日本円で約 58 万円ほども高くなっていたことが判明したのです。** 能力よりもルックスのほうが成果や収入に結びつきやすいとは恐ろしい話ですが、韓国では美容整形が社会的な成功のために行われている部分も大きいとされています。

ルックスが人生に与える影響は大！

ゴードンの調査では ルックスが良いと……

・成績も良くなり年収も上がる

ハマーメッシュの調査では……

・生涯年収で 2700 万円高くなる
・異性と付き合いやすく、レジャーを楽しむ機会が増える

フリーズの調査では 女性は……

・初任給は変わらないものの、昇給スピードが速かった
・就職して社会進出する人が多かった

ルックスが良いほうが絶対に得

心理学の分野では、ルックスが人生にどれほどの影響を与えるか、多くの調査が行われてきました。データは様々ですが、一貫して言えるのは、「ルックスが良い（他人からの評価が高い）ほうが人生で得をする」ということです。とても現実的な結論です。

ルックスが良いことで起こる心理効果

チヤ ホヤ

ハロー効果（46ページ）

ルックスによる際立った特長が、能力や人格への評価も底上げするため、学業や営業の成績も上がりやすくなる。

自尊感情が高まる

自尊感情、もしくは自己肯定感とは、自分自身を価値ある者だと感じる感覚です。これが高いと、何事にも自信をもって積極的に取り組み、豊かな経験で自分を成長させることができます。

逆転するには……

ファッションを研究する

ルックスは顔だけのことではありません。自分をより良く見せるためのファッションを研究することで、ルックスはかなり上昇します。年収につながることを思えば、ファッション研究は効率のいい投資といえるでしょう。

表情を研究する

ルックスの良さで特に評価されるのは、笑顔です。地味な顔立ちでも、笑顔や笑い方が魅力的ならそれだけで高い評価を得られます。笑顔だけでなく、様々な表情で自分をより良く見せるように研究しましょう。

さらに、テキサス大学の労働経済学者ハマーメッシュは、7500人を対象にした「ルックスと経済の関係」を20年にわたって研究し、**平均以上のルックスを持つ人の生涯収入は、十人並み以下のルックスの人よりも約2700万円高いということを明らかにしています。** ビジネス面でも、ルックスの良い人は「仕事ができそう」にも「収入が高そう」にも見えるのです。生まれついての顔の作りはさておき、それを磨くことには意味がありそうです。

心を動かす 28

仲良くなりたいなら右側から近づこう

話しかけるとき、右側と左側からでは反応が違うのです。どうしてでしょう?

心臓は、胸の真ん中よりも少し左側にあります。そのため、人間は無意識に右側よりも左側を守ろうとするといわれます。陸上競技のトラックが左回りなのも、体の左側を内側にする心理があるためといわれています。なので、**人間は自分の左側に立つ人に対しては自然と警戒心が働きます。相手と仲良くなりたければ、相手の右側から近づくようにしたほうが、警戒心を持たれない可能性が高くなるのです。**

話しかけるとき、左右でリアクションが変わる?

右側から近づくと……

部長、5分ほどよろしいでしょうか?

うん、ちょっと待ってて

右側は警戒心が薄く安心

多くの人は右利きであり、利き腕で対応ができる右側にはあまり警戒心を抱きません。上司に話しかけるときは右側からが無難です。

左側から近づくと……

今忙しいから後にして!

部長、5分ほどよろしいでしょうか?

左側は警戒心が高くなる

心臓のある左側は、多くの人が利き腕で対応することができないので、警戒心が高まりがちです。上司に余計なストレスを与えないよう、左側からの接近を避けましょう。

逆に、相手が自分の左側にいることを許容している場合は、その人が相手に対して気を許していたり、相手を大事に思っていたり、あるいはその相手がいることで気持ちが安定しているような場合だと考えられています。特に、男性が進んで自分の左側に女性を歩かせるような場合は、大事な左側を相手の女性にさらす一方で、自分の左腕で女性をガードし、右腕で敵に対応しようとしている証ともいわれているのです。

身体の前後左右とコミュニケーションの関係

男性は女性を左側にしたがる

左側は警戒心が高まりやすいので、逆に守りたいものを左側に抱える傾向があります。いざというとき右腕を使えるようにしておく意味もあります。また女性も利き腕側をあずけて、守られたいと深層心理で思っています。

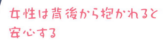

女性は背後から抱かれると安心する

好きな人に、後ろから抱きつかれることを好む女性は多いですが、これは攻撃を防げない背後を強い男性に守ってもらえる安心感から、本能的に好むのです。

男性が左側のカップルは?

単純に利き腕が左の場合もありますが、脳科学的には、男性が得意な理性をはたらかせるには右耳から声を聞いて左脳に届けるのが良いとされます。また女性も得意な情緒を活かすために左耳から聞いて右脳に届けることが良いので、男女の特徴を活かした並びになります。

はじめまして

初対面では目の前に立たない

あまり面識のない相手に対しては、パーソナルスペースが広くとられます。あえて近づこうとすると圧迫感が生まれてしまうので、警戒心の薄い右側から近づくようにしましょう。

心を動かす 29

音楽で精神が整えられる

音楽には人の心を癒やす効果があるといわれ、
これを積極的に活用する心理療法があります。

あなたの気分が落ち込んでいるとき、元気を出そうとしてわざとアップテンポで陽気な曲を聴くでしょうか。むしろ、失恋して悲しいときに、失恋を歌ったバラードを聴いてしんみりする、という人が多いのではないでしょうか。実は、それは心理学的にも理にかなったことなのです。**聴き手のそのときの気分に沿った曲を聴かせることで精神を良い方向に向かわせることは、「同質の原理」と呼ばれています。**

感情に合った音楽を聴いて心を落ち着ける

◯ 悲しいときには悲しい曲を

✕ 悲しいときに激しい曲はNG

同質の原理で気分が落ち着く

アメリカの精神科医アルトシューラーは、「音楽によって病気の治療を行う場合、用いる音楽は患者のそのときの気分と精神テンポに合った曲が有効である」として、同質の原理を提唱しました。この理論は音楽療法の分野では基本的な理論として知られるようになりました。

音楽で精神の治療や身体の発達を促す音楽療法とは

音楽にはヒーリング効果やリラックス効果があり、補完医療として研究され、音楽療法として確立しました。

ダンスやリコーダーを演奏している老人

演奏やダンスを用いてリハビリを援助する

音楽を演奏したり、音楽に合わせてダンスをしたりすることで、つらいリハビリを楽しいものに変えます。

発話や発語を促す

生まれつき発話や発語に障害を持っている児童に、音楽を通じてやり方を教えます。

うつや引きこもりなど対人関係に問題を抱える人にコミュニケーションとして音楽を教える

音楽はとても素晴らしいコミュニケーション手段でもあります。音楽療法によって、うつや引きこもりの改善ができると期待されています。

合唱などで集団行動を教える

集団行動が苦手な子など、発達障害のある子どもにソーシャル・スキル・トレーニングの一環として音楽を用いて教えます。

人間は、自分が悲しいときに誰かが共感してくれると安心します。失恋したときに失恋の曲を聴くことで、歌詞が自分の気持ちを代弁してくれているように感じて安心し、心の傷を癒やしていくことができるのです。 なので、そういうときは悲しいバラードで存分に悲しみに浸った上で、徐々にアップテンポの曲を聴いていくのが良いのです。逆に緊張している人は、アップテンポの曲から徐々にスローダウンしていくのが良いとされています。

メンタリズムって
何？

　テレビや書店でよく目にする「メンタリズム」や「メンタリスト」という言葉があります。これらの言葉、実はとても曖昧で、特に決まった定義はありません。

　古くは、人の心を読む読心術などを舞台で行うパフォーマーのことをメンタリストと呼んだようですが、現在では、なんとなく「精神（メンタル）に精通した人」という意味で再び使われだしたようです。ただ、使う人がそれぞれ独自の意味やニュアンスをつけてしまっているので、はっきり定義されていないというのが現状です。

　しかし、心理学がベースにあるというのは共通しています。そこから、催眠療法など様々な知識や技術を応用してすごいパフォーマンスを見せる人、という認識でとりあえずは良さそうです。

📚 参考文献

『悪用禁止！ 効きすぎて危ない！ 裏心理学大全』齊藤勇 監修（宝島社）

『相手の心を読む！ 透視心理学大全』齊藤勇 監修（宝島社）

『悪用禁止！ 悪魔の心理学』齊藤勇 監修（宝島社）

『ひみつの心理学〜人の心が思いのままになる』齊藤勇 監修（宝島社）

『悪用禁止！ 悪魔の心理操作術』齊藤勇 監修（宝島社）

『心の闇が見える!? 悪魔の心理テスト』齊藤勇 監修（宝島社）

『思いのままに人をあやつる心理学大全』齊藤勇 監修（宝島社）

『思いのままに人をあやつるモノの言い方大全』齊藤勇 監修（宝島社）

『シャーロック・ホームズはなぜ外見だけで人を見抜けるのか？』齊藤勇 著（宝島社）

『本当は怖い心理学』齊藤勇 監修（イースト・プレス）

『実験心理学 - なぜ心理学者は人の心がわかるのか？』齊藤勇 著（ナツメ社）

『図解雑学 見た目でわかる外見心理学』齊藤勇 著（ナツメ社）

『他人の心がカンタンにわかる！ 植木理恵の行動心理学入門』植木理恵 監修（宝島社）

『「なるほど！」とわかる マンガはじめての心理学』ゆうきゆう 著（西東社）

『マンガでわかる！ 心理学超入門』ゆうきゆう 監修 楠田夏子 漫画（西東社）

『面白いほどよくわかる！ 他人の心理学』渋谷昌三 著（西東社）

『一瞬で YES を引き出す心理戦略。』DaiGo 著（ダイヤモンド社）

『世界のエリートがやっている最高の休息法ー「脳科学×瞑想」で集中力が高まる』
久賀谷 亮 著（ダイヤモンド社）

『自分を支える心の技法 対人関係を変える 9 つのレッスン』名越康文 著（医学書院）

🖌 STAFF

編集	住友光樹（株式会社 G.B.）
本文イラスト	熊アート
原稿執筆	大越よしはる
カバーイラスト	別府拓（G.B.Design House）
カバー・本文デザイン	別府拓（G.B.Design House）
DTP	出嶋勉

監修 **齊藤勇** (さいとう いさむ)

立正大学名誉教授。主な編・著書・監修書に『超・相槌 心理学の権威が教える 人生が劇的に変わるコミュニケーションスキル』(文響社)、『対人心理学トピックス100』(誠信書房)、『人づきあいがグンとラクになる人間関係のコツ』(永岡書店)、『心理分析ができる本』(三笠書房)、『悪用禁止! 悪魔の心理学』『やっかいな人に振り回されないための心理学』(ともに宝島社)など。

ゼロからはじめる!
心理学見るだけノート

2017年10月6日　第1刷発行
2023年10月19日　第5刷発行

監修　　　　齊藤勇

発行人　　　蓮見清一
発行所　　　株式会社 宝島社
　　　　　　〒102-8388
　　　　　　東京都千代田区一番町25番地
　　　　　　電話　営業:03-3234-4621
　　　　　　　　　編集:03-3239-0928
　　　　　　https://tkj.jp

印刷・製本　株式会社リーブルテック